鋼鐵之法

如何既柔軟又堅強地度過人生

大川隆法
Ryuho Okawa

目錄
Contents

第三章

遂行高貴的義務

——培養與建立能創造出價值為他人貢獻的「人才」與「國家」

第四章

對人生要有自信

——構築「心的王國」，告訴世人「未來的世界遠景」 173

4 世界標準的幸福實現黨所揭示的日本未來藍圖

5 日本應就哪些問題對美國提出意見

6 日本應該傳播嶄新思想、世界的未來遠景

第五章

救世主的心願

——如何覺醒於人生是為了世人而存在？　227

第六章

興起奇蹟的力量

——以透明之心、愛的實踐、祈禱開拓未來

前言

本書的內容是教導各位，如何柔軟又堅強地度過人生。

文中絕無艱澀難懂的話語，教義亦十分具體，也列舉了眾多貼近各種人們的實際案例。

你是否能明白信仰心的重要性？你是否能既相信神佛的實際存在，同時亦能接受「因果法則」也適用於自己身上？

你是否能理解，為何我會對人們認為「所謂的『政治』即是從政府那裡獲得利益」之常識，進行嚴厲批判？

你是否能明白，無論是哪一個國家的人們，都必須奮力地活於國際政治當中的現實？

你是否能明白，最後、最大的世界宗教，正如同赤紅的鋼鐵一般，在鐵鎚的敲擊之下，豎立那擎天之柱？

二〇一九年　十二月

幸福科學集團創立者兼總裁　大川隆法

第一章

召喚繁榮的思考方式

——心態篇

1 「幸福」及「繁榮」都存於自己內心當中

隨著你的心境不同，理解話語的方式即會有所不同

本章以「召喚繁榮的思考方式——心態篇」為主題，主要以理念和思維模式為中心進行講述。

這一類話題，必須每一年或每隔幾年講述一次，若是不以不同的形式記在腦海中的話，各位很容易就會忘記。

隨著各位當時的心境或境遇的不同，有些話可能根本就沒聽進去，但有些話可能說得恰逢其時，有時就會有豁然開朗之感。從這層意義上來說，某些道理在「什麼時候理解」、「什麼時候明白」，就會因人而異。

總而言之，即使是以往聽過許多次的話題，也會由於此人當時的心境不

同，理解的方式而有所不同，甚至有時會把那些話當成耳邊風。

「試圖抓住幸福的小貓的故事」所教導的人生智慧

為了召喚繁榮的思考方式，其實和追求「幸福」有著相似之處。關於幸福，以前我曾在某一期的月刊《幸福科學》的前言「心靈指針」當中，提到一則以貓為例的故事，內容如下。

有一隻小貓發現「對於貓來說，幸福就是自己的尾巴」，於是這隻小貓便下定決心，一定要抓住幸福。但是無論牠怎麼追自己的尾巴，都只是在原地打轉，完全抓不住。一隻上了年紀的貓看到那般場景，便告訴牠「放棄那麼做，努力去做自己該做之事，一步一步地向前走，幸福自然會跟在後頭」。

這是出自於一位美國心理學家著作中的寓言故事，在我年輕時期讀過的書籍中，這個故事令我印象非常深刻。

令人感到不可思議是，所謂的「幸福」，當你朝其追逐時它會逃走，但是當你不去在意，自然地以平常心持續向前走時，幸福就會緊緊跟在後面。其實你已經擁有著「幸福」，就像貓尾巴一樣跟在自己身後，只要你認真地、理所當然地往前走，幸福就會一直跟著。

然而，如果認為「幸福存在自己身外」進而追尋的話，反而會讓幸福逃走。並且，就如同小貓在旋轉不停的過程中，逐漸感到頭昏眼花一樣，最後你會覺得「幸福這種東西是抓不到的啊」，於是放棄追逐。

總而言之，幸福本來就是屬於你的，你已經擁有幸福了，但你越是想刻意捕捉，反而會捉不到。但是，不要刻意地去捕捉，抱持理所應當的人生態度，也就是理所應當地學習、理所應當地工作、理所應當地行動、理所應當地思維，做應該做的事，當你回神過來就會發現，幸福一直跟著你。所謂的幸福，就是如此。

歷經人生四十年、五十年、六十年，甚至活了更久的人，在聽到這個故事之後，應該會感覺到「是啊，說得沒錯」。

特別是，年輕的時候拚命地想要抓住「幸福的尾巴」，結果卻只能原地轉圈，因為總是抓不到而感到懊惱，大家應該也都有過這種經驗吧？「眼看就快要碰到，於是張嘴去咬，沒想到尾巴卻溜走了。氣憤地想著『這條臭尾巴！』然後又不停地努力追逐，卻還是怎樣也追不上」，或許就是這種感覺吧。

然而，若是能換一個想法，「尾巴這種東西，抓不到也無所謂。本來以為要是能抓到尾巴即能獲得幸福，但我現在已變得不在意，該是去做好每天該做的事」，終有一天你會明白「原來尾巴可以照自己所想，要怎麼動就怎麼動啊」。

以上思考方式能套用在所有領域。

繁榮並不在「遙遠的某個地方」

本章的主題「繁榮」，也是其中一種幸福的展現方式。只不過，談到繁榮，我認為這已超越了個人的滿足，涉及到更廣闊的範疇。除了家庭、公司之外，國家的發展亦屬於繁榮的領域。如上所述，雖然繁榮有著許多規模，但就想法來說，和謀求幸福其實有著相似之處。

繁榮其實也同樣存在於自身內心當中，明明自己若是對此能有所察覺，繁榮就會跟著自己，但很多人就是不明白，以為繁榮在「山的另一邊※」，茫然地追求。這或許就是空想型社會主義的思維吧！

再比如說，「烏托邦」一詞，源自於「不存在的地方」之意。或許這是指「若能去到某個地方，就會出現幸福鄉，就能獲得現今自身週遭所沒有的東西」的想法吧。

然而，我在《成功之法》所寫的「成功者的城鎮」故事裡，說道「尚未成功之人，無法進入成功者的城鎮」。

尚未成功之人，認為只要能進入成功者的城鎮，自己就能獲得成功。但就算此人希望能夠進到城鎮當中，若是他不修邊幅，既沒有工作又沒有錢的話，即使進到了成功者的城鎮，也不會被人認同是當地居民。

對於那來到成功者城鎮的旅人，鎮長告訴了他以下的道理。

「你在來到本鎮之前，曾在一個小村莊落過腳吧？你原本應該在那裡賺點錢、整理外在樣貌、從事工作、學些東西。難道你不應該先去歷練一陣子嗎？若是你曾做過那般努力，再進到這個城鎮，你就能為我們所接納，和我們一起品嘗成功的滋味。但你為何跳過那過程，突然就來到這裡呢？

※ 山的另一邊　德國詩人作家卡爾布斯（Carl Hermann Busse，1872～1918年）的詩，《山的你》其中的一節。

看見你那副像是乞丐的窮酸樣子，任誰都不會邀請你進家門吧！你走在街上的那副想要乞討的樣貌，任誰都不喜歡吧！

但是，如果你一身西裝筆挺，搭配整潔的領帶，以成功的商務人士形象前來，人們看到便會認為『是不是有什麼好的商機啊？』於是就會紛紛上前了解，樂意見面。倘若不是如此，恐怕人們會覺得『這是什麼人啊？』

明明需要那般努力的過程，可是你卻整個忽略，只想直接獲得結論，這怎麼可能行得通呢？」

我在那本書用另一種比喻，教導人們相同的道理。

所謂的繁榮，就好比是播下的種子開始發芽，長出莖葉、結出花蕾，隨後花朵綻放變成盛開的狀態。

在每一個人的生涯中，皆會迎來那般開花的時期。對自己所屬的公司或組織來說，若是迎來了巨大的成功，人們即能品嘗到「公司向前邁進了！今年比去年表現得還要好，來年應該能比今年更好」的心境。

又或者是，妻子聽到下班回到家的先生的話語，感覺到「先生的工作好像很順利，公司的發展似乎也很不錯」。這般心境，應該也是屬於繁榮的狀態。

那麼，要如何才能達到那般狀態呢？

最重要的是，如同先前幾個實例所述，不是「前往某個特別的地方，就能看到烏托邦」，也不是「只要遇到某個特別的人，就能獲得百寶槌」。

當然，也有類似這樣的故事。譬如，某個古老的傳說提到，「如果跟鬼一起玩，他就會送你一個魔法槌」，或者「進到深山當中，就能發現『養老瀑布』。瀑布的水會變成酒，給老爺爺喝下去，病就能治好了」等等。但這些故事終究只是故事，現實當中是不會發生的。

若將故事換成現實，我想就是「未曾預料的成功偶然地降臨了」。當然在人生過程中，這種事不能說完全沒有。只是，那不是大多數人應該追求的。

2 實現繁榮的「成功的循環」

電影「億男」揭示關於金錢帶來的教訓

二〇一八年十月，幸福科學的電影「宇宙之法—黎明篇—」（製作總監、原作 大川隆法）於各電影院上映。在上映一週之後，大友啟史導演的電影「億男」（二〇一八年上映／東寶）也上映了，與我們形成競爭的狀態。但是「宇宙之法」的票房比較好，「億男」始終沒能追上。

我在即將下片的平日去看了「億男」，內容跟預想的差不多，那是描述關於某人買彩券突然中了三億日幣之後發生的故事。

電影中，買彩券中了三億日幣的主角，用電腦搜尋「中彩券的人，之後變得如何」，然而出現的竟是「幾乎所有中大獎的人都變得不幸」。

此外，此人想把獎金拿去存到銀行，也聽到了各種意見，好比「有了好幾億日幣，大概不會遇到什麼好事吧」、「還是不要拿著現金比較好」、「把錢存進銀行，之後再考慮該如何運用」等等。

於是主角決定詢問他的大學同學，該如何使用這筆錢。這個同學創立了一家ＩＴ相關的新創公司，是一個大富豪。

在電影原著當中，和主角一起參加過落語研究會的這位大學同學，賺了一百五十幾億日幣。主角便心想「既然他賺了這麼多錢，應該知道該如何用錢」，所以即使雙方時隔十幾年沒見面，他還是前去詢問。

這位朋友告訴他：「就算銀行當中有錢，但你沒有實際看過就不會有感覺，所以你先把這三億元領出來。」於是主角便照做了。

朋友接著說：「錢這種東西，只有用到了一定的金額才會有感覺。首先，體驗金錢的可貴之處才最重要。」因此，主角在朋友的豪華大廈裡，叫來了酒店小姐，又請來壽司師傅現場做壽司，還請來了調酒師。在飲酒作樂、徹底喧鬧之後，不知不覺之間，主角在散亂的房間裡呼呼大睡了起來。

然而，第二天醒來之後，大家都回去了，主角心想「咦，我的三億元變得怎樣了呢？」於是到朋友房間查看借來暫放金錢的保險箱，結果卻發現三億元不見了，朋友也不見蹤影。

他本來心想「既然是朋友，應該沒問題」，對此突如其來的情況大感吃驚，不免覺得「該不會被騙了吧」，便開始尋找那位朋友。

這部電影就是描寫主角在把錢找回來的那段期間，心情煩悶的故事。

將整部電影的內容完全說出來，似乎不太妥當，所以我就說到這裡就好。影片最後的結論是「有些東西，金錢買不到」。最後留給人們的教訓就是，有再多的金錢也買不到信任和友情。

的確，或許有些人是那樣看待金錢的。

很少有人教導「該如何使用金錢」

話雖如此，「賺錢」這件事真的很辛苦，存錢和賺錢本身，很難成為一種習慣。而且說起來，如果不成功，根本就賺不到錢。應該有很多人覺得「開始存錢，直到有錢可用之前的階段，實在很辛苦」。

甚至是，就算賺到錢了，現實中也幾乎沒有人教導該如何使用金錢。我不曾遇過任何人告訴我該如何用錢。坊間有出版關於「該如何賺錢」的書，卻沒有看過撰寫「該如何花錢」的作者。當然，每個人都在花錢，不過若是有人「寫下用錢方法，並將其發行成冊」，那就真的太露骨了。

「既然你有這麼多錢……」，於是周圍人們會靠近而來；「居然有那麼多的閒錢，太可疑了」，於是國稅局的人會聞風而至。因此，越是有錢人，就越是會守口如瓶。他們對於「該如何用錢」嚴格保密，絕對不會傳授實際的使用方法。

我自己也是一樣，營運幸福科學至今三十多年，流動的資金變得非常龐大，不過在受薪的上班族時期，我的目標之一就是「存錢」，對於「該如何花錢」卻不太明白。

等到實際開展事業後，面對越來越多的資金該如何運用，因為無人能夠傳授方法，因此只能自行決定，之後再自我反省「那般運用是否合適」。我就是這樣不斷地累積經驗。

從現在開始，可以說是全憑直覺的世界。然而，依據自己至今為止的人生態度，即會決定「直覺是否靈驗」。

即使中了三億日幣，但若將其用於賭博，或者在拉斯維加斯等地揮霍的話，這些錢瞬間就會消失殆盡吧！

集資、投資、產出利益，創造「成功循環」的艱難之處

看完電影「億男」之後，我詢問一同前往的秘書：「如果有了三億，你會怎麼做？」對方回答：「如果我有三億的話，或許會拿去拍電影吧。」

於是，我告訴秘書：「拍電影啊！三億日幣應該足以製作一部中等規模的電影，但是恐怕拍不出幸福科學製作的電影規模。」秘書聽到之後，大吃一驚地表示：「什麼！是這樣嗎？」

拍攝電影，確實也是使用資金的方法之一。其中既有製作出完全偏離觀眾喜好的電影，讓資金打水漂的人，也有能夠接連投資拍攝的人，甚至也有能讓資金急速膨脹的人。

確實偶爾會出現，只投入幾千萬日幣製作電影，卻大賺幾十億的人。但是一般來說，能做到收支打平就已經很勉強。導演的工作，幾乎就是向人們募集資金，比起拍攝影片，集資的難度更大。

在日本的電影製作團隊當中，幾乎沒有看過「製作總監」這個職位。只有在幸福科學的電影中，一定會看到「製作總監」。此外，「神劍闖江湖」系列當中，倒是為國外的贊助人冠上「製作總監」的身分。

「製作總監」幾乎都僅是贊助人，對於「應該將電影拍成怎樣」，他們比較少會提出自己的看法，頂多就是提出要求「請製作出類似於好萊塢風格的電影」吧。

雖然我幾乎是被當作贊助人，我也覺得這樣無所謂，但我還是會提出自己的意見。

不管如何，為了讓工作能夠維持下去，就必須連續取得一定規模的成功，假如做不到就難以為繼。一直失敗是不行的，很可能導致一蹶不振。

如此看來，為了達到繁榮境界，終究必須創造出「成功的循環」才行。

譬如說，做為一種投資，用三億日幣製作了一部電影。假如這部電影的票房收入有利潤，片商就有勇氣製作下一部電影。若是能創造更多的盈餘，下一部電影的製作經費便有著落了。

只不過，日本的電影作品鮮少能夠達到那般境界。一部作品沒有以赤字告終，就已經要謝天謝地。實際上，即使是製作費用只有幾千萬日幣的電影，最後也幾乎都以虧損收場。因為沒有多少人真的會來看電影，電影圈的現況真的非常嚴峻。

從「花錢方法」表現出你的「人性」

如同前文所述，首先，最重要的是「賺取某種程度的金錢，將一定的資金握在手裡」，接下來的重點則是「金錢的使用方法」。

投資某項事物，或者決定購買「現今認為必須之物」。此時，此人的「人性」，就會在那些判斷中非常明顯地顯現出來。

就拿購買住宅來說，在過去的經濟高度成長期，人們可以預見「資產價值今後將越變越大」。從前很多人認為「即使要跟銀行貸款，背負二十五年、三十年的債務，也應該盡早蓋好自己的房子。在孩子成長過程中，最好可以擁有可以居住的房子」。

另一方面，也有一些人害怕背負房貸，打算等到孩子長大成人，開始出社會工作，自己退休之後，再用退休金購買住宅養老，度過餘生。

即便每一個人各有各的想法，我還是認為，正因為每個人的想法不同，才進而產生了不同的結果。

3 將繁榮召喚而來的「心態」

你的心態決定了「是否會成為成功者」

本章當中，我並不打算全都談論金錢的部分，我也想要論述關於做為基礎的心態部分。

為了成功而維持的「應有之姿」，或者說「心境」是非常重要的。這個心境成為了召喚繁榮的思維模式。

你抱持著何種精神態度（Mental attitude）或心態（Mindset），實際上就決定了你能否成為一個成功者。

話雖然是這麼說，不過若是自己試著去調整心態，就會知道那並非是一件簡單的事。

如同先前所述，去到一個人跡罕至、誰都不知道的深山，探尋流淌著美酒的「養老瀑布」，不是一件易事。要遇到送給自己「魔法槌」的人也很難。但就像「貓的尾巴」一樣，能帶來幸福、繁榮的，其實就存在於自己內心當中。

也就是說，自己的心態、精神態度，其實是會引導你走向成功或繁榮的。

沿襲所有人都以為的「成功方程式」的結果

那麼，在心態上應該留意些什麼呢？

一般來說，人們大多不懂這個問題，所以便容易認為「姑且從小先送去上補習班，盡可能地考到好學校。進入偏差值高的名校，拿到畢業證書後找份好工作。如此一來，至今的學業成績獲得認同，之後應該就會成功了吧」。這個即是重視學歷的父母的基本想法，也是補習班業者，藉由夢想引誘人們上門的基本話術。

當然，我認為這也是一種想法。

然而，從小學就開始上補習班，國中和高中也透過考試進入私立明星學校，在國、高中皆採行與公立學校不同的學習方法，甚至繼續補習、請家教。那些終於進入一流大學的人們，在那之後都過得如何呢？

客觀地來說結論就是，這些人在補習班和私立明星學校飽受壓抑、拚命苦讀，即使進到了一流大學，之後再朝著人們都盼望的方向前進，最後其平均年收入幾乎都是落在八百萬到一千二百萬日幣左右。

即使經過十幾、二十年的鞭策努力，這些人考慮的也不過是「在別人當上課長的時候，我只要能當上部長就夠了」。或許根據不同的公司規模，還有些人會嚮往「能當上董事就滿足了」。但充其量，最好也不過就是如此罷了。

此外，即使持有某些證照，年收入大概會從一千二百萬日幣起跳，好一點的話可以達到二千萬日幣左右吧。

雖然人們都說醫生的收入會略多一些，但也有一派說法認為，經營私人診所的醫師，由於開銷也比較多，所以假如年營業額達不到四千萬日幣，就很難維持下去。實際上，有些地方確實入不敷出，不挹注資金就很難維持下去。假如不跟銀行貸款，或者是不請妻子的娘家提供協助的話，普遍來說私人醫院都難以經營下去。

若是普通的住院醫師，由於薪資結構下修調降的緣故，導致他們的薪資收入只比一般上班族略高一點而已，而且到了退休年齡就必須離職，這和一般上班族沒什麼不同，所以他們的收入未必真的那麼豐厚。

現在有些醫學院被批評入學考試有著不法行為，還有些人落榜四、五次才考上，都不知道能不能把補習費賺回來。

就像這樣，即使代入所有人都認為的「成功方程式」，實際上也未必能擁有多大的成功。那種成功，最多不過是「這一輩子可以有飯吃，看起來有點風光、看上去有點體面，比別人小有成就地生活」，如此程度罷了。

總而言之，他們的想法不過就是，「讓孩子也跟自己一樣，去上補習班、去唸私立學校，然後再進一流大學就可以了」。

結果，很多人都陷入了這般循環。

「能否從普通的成功更上一層樓」即是分水嶺

然而，就算是沿著這條路徑走過來的人們，在進入大學後，多少也有些人會產生被背叛的感覺。

自己認為「應該能得到更受矚目的成就」，所以才拚命努力進入一流大學。但考進以後，環顧四周，才發現原來很多人都跟自己一樣，於是突然洩氣，自此一蹶不振，這樣的人不在少數。

此外，即使大學時代勉強堅持下來，進入公司任職，同樣也有很多人會突然喪失動力。

世間當中，譬如有著像是藝人、運動員、圍棋選手、小說家、畫家等充滿夢想的職業，在這些行業中成功的人士，自然活得光彩奪目。

偶爾也有些人，因為成為了暢銷作家而收入豐碩。只是從百分比來看，做為作家進而成功的機率，確實比普通上班族低上太多了。

此外，單憑一張畫能夠賣到幾億日幣，可以達到如此境界的人，應該需要「在全日本都被核彈轟炸之下，卻還能平安無事」般的好運氣吧！

演藝圈的競爭也是同樣激烈，被迫接受廉價的工作薪酬，即使是不喜歡的工作也得全盤接受，在如此高壓的環境下被迫任勞任怨，這樣的情況也是在所多有。

因此，各位不能只看到他們光鮮亮麗的一面。實際上，任何領域的競爭都很激烈，也有無數人在激烈的競爭中敗下陣來。

若是把「一般來說，這樣就算成功」的境界，當成是最終目標的話，那可就大錯特錯了。「能否從那裡再向前邁進一步」，其實便成為了一條很大的分水嶺。

那麼，若是想要再向前邁進一步，最重要的就是先前所說的精神態度，也就是心態的部分。此時應該致力於「減少人生當中應該取勝，最後卻失敗的次數，多增加正面的部分」。

無論是學習還是工作，人們在剛開始時經常會遭遇許多失敗，但是對於「此時該如何走下去」這一點，已經接受或掌握到人生指南的人，跟沒有掌握到的人之間的差異，會非常明顯。

假如此人對於學習感到反感，那麼即使是從好大學畢業，之後也不會有什麼出色成就。如果認為只要把學歷當成勳章來用就可以走到最後，那就真是大錯特錯。現在早已不是那種時代，從一九九〇年代開始，就已經不是學歷至上主義了。

所謂繁榮，是指「連續的成功」、「將成功廣布至各方面」

所謂的繁榮，指的是「連續的成功」，並且「還要將自己的成功廣布至其他方面」。因此，不論是自己的部屬、家人，或是任職的公司本身，都必須將成功廣布至那些範圍。

這才是繁榮之姿，培養那般心態，其實非常重要。人們可以突然充滿幹勁，乘在浪頭上，自然會覺得謝天謝地，但是情況不會皆是一直如此。

譬如，運動會裡的騎馬打仗，不會只贏不輸，一定會有輸有贏。丟球比賽也是一樣，有時會贏、有時會輸，馬拉松也一樣不例外，一定會有勝有負，道理都相同。

成功的時候，任何人的心情都會很好。然而，總是會有不小心受傷、身體微恙、出現問題，跌入失意谷底的時候。

此時正是重點，遇到這般情形時，你要如何將自己帶回成功的軌道？此刻才是最重要的關鍵。

4 調整為繁榮心態的實踐法

實踐①——經常想想自己的「平均打擊率」

在此，我想要論述幾個重點。

這些是我在年輕時期所學習到並實踐的東西。此外，這些也是我曾在過去以各種各樣的角度，論述過的觀念。

其中之一是戴爾・卡內基（Dale Carnegie）經常提到的想法，那就是「經常想想平均打擊率」。

觀察一個棒球選手在整個賽季的表現，此人一定會經歷低潮時期，既有表現出色的時候，同樣也有打擊低迷的時候。

可是，假如抱持著信心認為「自己在這一年結束後，可以留下與歷年相當的成績」，那麼即便是遇上打擊低迷的時期，也能忍耐度過。踏實地持續練習，該休息的時候好好休息，漸漸地打擊率就會開始恢復。

假如無法相信自己的平均打擊率，一旦陷入低潮時，很可能就此跌落深淵。但要是此人對於自己是「平均打擊率三成的打者」有著自信，他就能夠興起「我一定能恢復水準，在秋季之前，我會回到平均打擊率的水準」的想法。

對於工作也是同樣的道理。即便在工作中失敗，但要是有信心地認為「回顧至今的成績，整體來說，我有七八成的成功率，所以我一定能挽回劣勢」，那麼就能夠重現佳績。

「想想平均打擊率的法則」，是我過去腦中一直沒忘記的其中一件事。

※ 創作了許多歌詞及歌曲　截止2019年1月，作詞、作曲的數量已超過100首。

至今我創作了許多歌詞及歌曲※。若是感性不夠細膩，通常是無法創作那麼多的作品，而且我在年輕時期也曾寫過詩詞。

年輕時期的我，雖然看起來好像很豪氣，但我的感受倒是很敏感。人們會覺得我總是說著自己想說的話，進而認為「既然他是那樣的人，那我們跟他講什麼話也應該沒問題吧」。但我聽到人們對我說的話語時，經常感到被刺傷，心中頗為難過。

在那些時候，我常常覺得自尊心受損、名譽掃地。

只不過，是要煩惱個幾天就沒事，還是過了幾年都無法釋懷，那就是自己的自由了。可以一直煩惱十年，也可以一天就克服，端看自己的自由選擇。在那種時刻，我認為終究必須要自行克服，告訴自己「得堅強一點」才行。

實踐②——為何講述「沒人會去踹死狗」

當遇上那般煩惱的時刻，有一句話拯救了我，那就是戴爾・卡內基的「沒人會去踹死狗」。此外，有另一個說法跟這句話意思相同，那就是「沒人會打落水狗」。

正是因為狗充滿活力地吠叫，所以或許有人會想要踢飛牠。但是我想沒有人會去踹一隻躺在路邊瀕死的狗，或是在橋上繼續追擊一隻掉進水裡的狗吧！

總而言之，即使不是狗，不過若是會讓他人萌生「一腳踢飛」的念頭，那就證明對方還能神氣地「狂吠」。由於此人的行為會讓人產生「危險！他搞不好會衝過來咬我」的恐懼感，才進而想要用腳去踢、用棒回擊。因此，這表示著對方正處於攻擊性十足的「吠叫」狀態當中。「沒人會去踹死狗」，事實正是如此。

我們可能會被各式各樣的人當成傻瓜，被他們搞得十分懊惱，受盡冷嘲熱諷，但是你必須客觀地認識到，那是因為「自己的存在，讓人們十分在意」。

終究是因為你很顯目才會被他人指指點點，又或許是他人對你心生嫉妒。此外，即便你因此受傷了，那些人都還不停手的原因，是因為他們認為「光是這樣，這傢伙應該還不明白吧」。如果已經是死狗那就不用去踹了，之所以還追打過來，就是因為人們認為你還不是一隻「死狗」，覺得「只是那樣說了幾句，應該死不了」。

實際上，我在二十多歲時，也曾被四十幾歲的人欺負過。

總而言之，當時有些人覺得「如果不趁早欺負這個人，不知道什麼時候彼此的立場會逆轉。一旦這傢伙變成了我的上司，被欺負的就會換成是我了，得趁著還能欺負的時候趕快欺負」。我實在無法想像竟然會有人出現這種想法，真想問問此人「你不想出人頭地了嗎？」

面對我這個進到公司三、四年，拚命努力，創造許多績效的人，當時有幾個課長或快要升上課長的人，他們盡是想著「不知情況何時會逆轉，等他當了主管之後，搞不好就會壓榨我們。趁早讓他吃點苦頭，把他整到不能翻身」，當時有三個人一直故意為難我。這讓我感到愕然，「居然真的有人會做出這樣的事，世上竟然真的有這種人」。

在我的觀念當中，完全無法想像那種事情。我當時只是一直想著「對於比自己小十五歲以上的人，如果不加以欺壓的話，自己就會感受到威脅嗎？這真的有那麼嚴重嗎？搞不好當這個人發達之時，自己也早就不在這裡了。也就是說，職場上不要那麼咄咄逼人，大家和樂融融不是很好嗎？」

就像這樣，雖然當時我完全無法想像，但的確有很多人預防未來可能會發生對自己不利之事，進而拚命地搞鬼作祟。

這應該都是因為人們認為「狗還沒落水」，進而才會使勁地用棍子打吧！他們心裡想著「若不狠狠地打一頓，搞不好會反撲過來咬我，得讓他更老實一點」。像那樣的事情，也曾經發生在我的身上。

只不過，我當時心想「我明明是這麼單純，為什麼一定要以小人之心度君子之腹？」

對我來說，自己非常熱愛公司，所以為公司拚命努力工作，那並不只是為了自己。總而言之，公司並不是只有我自己能夠得利，我所創造的收益會被公司整體吸收，所以就算公司賺得再多，跟我自己也沒有直接的關係。換句話說，我的努力也會同時反映在週遭同事的薪資和獎金上。當時的我是這樣想的，可是有些人卻不是這麼想。

不過就算遭受這種對待，我仍然認為重新站起來很重要。也正因為如此，卡內基才會說「沒人會去踹死狗」。

實踐③——不要去「鋸木屑」而是要記取教訓

此外，卡內基還說過「不要去鋸木屑」。

「木屑」就是指在鋸圓木時，衍生而出的屑渣。

卡內基說：「世間當中有很多人都在『鋸木屑』。」

變成了木屑的木頭，或許還可以用來燒洗澡水，除此之外，似乎無其他用途。然而，對於已經變成木屑的東西，仍然有人試圖繼續鋸下去。

試著回顧看看，各位不是也曾做過那樣的事嗎？

一年前的失敗、五年前的失敗，或者是更久以前的失敗，我想會有各種類型的失敗，有人會總是想著「都怪當時的失敗，讓自己變成現在的這副模樣」，怨嘆著已經過去的事情。此時，應該試著想想「自己是不是在鋸木屑，而不是在鋸圓木啊」。過去我經常這樣提醒自己。

的確，每一種事業都有破產的可能性。在公司破產之後，也許有人會受雇於他人，又也許有人會重新奮起再興起新公司。

不管如何，遭遇失敗之後，就不要再繼續鋸「木屑」了。只要從中記取教訓，之後就把木屑處理掉就好。

只不過，總是有人會一直無法釋懷。喜歡發牢騷的人，大多都是如此。

實踐④——當命運給你一顆檸檬，你就要把它變成檸檬汁

卡內基的話語當中，還有一句話與我說的「常勝思考」相關，從那句話當中能夠學到東西。那句話就是「當命運給你一顆檸檬，你就要把它變成檸檬汁」。我從年輕的時候開始，就一直思索著這句話。

「檸檬」這個詞，在英語中有著「酸的東西」或「沒用的東西」的意思。

譬如，用檸檬來比喻一輛車，就表示這是一輛「問題車」。在英文當中說到檸檬，大概都不是太好的意思。或許在日本的意思會稍微好一點，但在英文

當中，檸檬有著表示「不行的」、「酸的」、「無用的」、「問題車」、「瑕疵品」的意思，如果有人說「這傢伙就是『檸檬』啊」，給人的印象就是這個人「沒有什麼用」。

然而，卡內基在書中寫道「當命運給你一顆檸檬的時候，不要為了這顆檸檬煩惱，要試著將其變成檸檬汁」。至少榨了檸檬之後，再加入水和糖就可以調製成檸檬汁，亦能夠拿來做為商品販賣。

總而言之，人們既可以把那「酸澀」的東西變成自己的享受，化為快樂、喜悅，更可以把它當做一種商機。

做為宗教家至今三十多年，我深深體會到那般道理。雖然過去曾經歷過多次失敗、被生氣、被責罵的經驗，但其實沒有任何事情比這些更加「美味」。若反倒應該是說，若沒有經歷過那些事情，我就無法做為宗教家繼續走下去。若我是一個「做任何事都成功」的人，被別人說「這樣啊！真是厲害啊！辛苦你了」，宗教家的生涯一下就告終了吧！

也就是說，宗教家或許有著百分之九十不能對人說的部分，隱藏在內心當中，等待各個時機成熟，再跟人們述說「其實，過去曾這般失敗了、那般失敗了」的故事。

譬如，「雖然過去曾說只被三位女性甩了，但實際上是三十位……」，諸如此類的故事，要像是從懷裡抽出無數條手帕的魔術一般，能夠坦然地對他人述說。若是擁有很多這樣的故事，現實中就有著無窮無盡的話題。

實際上，失敗的確會讓人感到痛苦。失戀也痛苦、降級也痛苦、被扣薪水或獎金削減也痛苦、被別人說壞話也痛苦、離婚也痛苦、孩子表現不好同樣痛苦，這些痛苦的事，要多少就有多少。但是，不可將那些痛苦視為檸檬，單純地品嘗那股酸澀滋味之後，終究必須要將命運的檸檬變成檸檬汁。

因此，請以「常勝思考」般的思維，努力將其變成美味的飲料。「能否將其變成自己下一個工作的啟示」、「能否將其做為往後挑戰的提示」、「能否藉此防止再犯同樣的錯誤」，請各位將其轉為正面教訓，思量哪些地方能夠對自己有所助益。

更甚至是，各位還可以將那些失敗經驗普遍化、抽象化，去彙編出一套可利於大眾的想法或人生態度，或創建出一個流派。

我是一個宗教家，不過我認為若是採用這種方式，在其他領域或許也能獲得成功。

就算是成為了企業家，在開展各種工作時，難免會遭遇各種失敗，但如果能從中汲取教訓，即可開拓成功之路。此外，即便是政治家，倘若遭遇敗選，或遭受他人各種謾罵、惡言，又或者是在選舉中敬陪末座，若能將那般懊悔的情緒轉化成向上的動力，選民在比較你和別人有何不同之際，你就會漸漸地被凸顯出來。

只要好好活用這個「將命運給你的檸檬變成檸檬汁之法」，你就會像是找到「養老瀑布」流出的潺潺美酒一樣，也能獲得宛如「魔法槌」的寶物，越是敲打，越能敲出更多的金幣。

因此，完全不須等待彩券中獎，世間真的有很多「只要敲打就會出現寶物」的東西。

5 培養覺察身邊「繁榮種子」的習慣

人生中所經歷的事，沒有任何一件事是毫無用處的。獲得成功時就可以做為成功的經驗，將其做為跳板，用來挑戰下一個成功。為了能夠更加成功，若能將過去的成功經驗做為基礎，有時即能獲得更大的成功。

此外，就算失敗了，也可以巧妙運用那失敗經驗，增長心靈的見識、豐富內心、豐富話題，將其提升發展為與他人相處及交涉的方法。那些經驗能讓人生走向成功。

因此，成為「億男」之道，絕對不在於中彩券，而是在於各位自己的「人生態度」。

去補習班，就讀明星學校，考上東大、京大或早稻田、慶應大學等一流名校，即使做到這樣，就普通人來說，最多做到管理階層，年收入達到八百萬到一千二百萬日幣之間，這就差不多是一般程度的成功。然而，其中也有幾成的人跌出那範圍，無法達到那般水準。

如果希望取得更大的成功，你必須要改變你的心態。

那心態指的是什麼呢？

繁榮的原點，不在「山的另一邊」，也不是他人眼所不見，必須走進某處深山才能發現的東西。

現今，在你的心中、或是你的周圍、你的家庭、你的家人、你所從事的工作中，就存在著「繁榮的種子」，關鍵就在於你能否發現。

請養成這種思維模式的習慣，請維持這樣的思考方式。如此一來，所有的一切都會轉變為機會，希望各位能像這樣改變自己的想法。

在本章當中，我以理論的形式講述了「為了召喚繁榮的思考方法」。但願各位對此能仔細思量，並予以實踐。

改變明日的話語①　思考方式會產生非常強大的力量

未來是肯定或否定，是樂觀或悲觀，
是幸福或不幸，全都依據你「心中的種子」。
如果你希望擁有一個幸福的未來，
你就必須在心中播下肯定的種子，並且加以培育。
在培育這顆種子時，還必須要經常反覆思考。

當你覺得快要被悲觀情緒壓垮時，
就必須要自行發電，發出肯定性的想法。
為此，就必須拿出氣力，付出努力。
並且，做好今天能做的事，思考明天的希望。
當感覺到自己快被負面情緒支配時，

要拿出並散佈與其戰鬥的正面想法，
這一點很重要。

人無法在心中同時思考相互矛盾的事。
幸福的人無法感到不幸，
不幸的人也不會感到幸福。
此外，人也無法一邊笑著，一邊講出悲傷的故事，
也無法用悲傷的表情，哭著講出歡樂的故事。
人同一時間只能思考一件事。
因此，佔據你內心當中的想法是什麼，
就變得非常重要。
各位要抱持著正面的自我形象，

「我將會更加發展、更加成功，有益於世間，
自身變得幸福，即能夠讓週遭人們也變得幸福」
請各位經常在內心中確實地描繪這般情景。
就算快要被否定的念頭打敗了，
你也必須鼓起勇氣，再次散發出肯定的念頭。
如果你在這世間做得到，那麼到了來世也同樣能做得到。
那即能稱得上是人生當中的勝利。
為了逆轉命運，
抱持何種心態或思考方式是非常重要的事。
但願各位能夠學習到，
「思考方式會產生非常強大的力量」。

第二章

原因與結果的法則

——若無努力，則無相應的成功

1 三十多年來累積三千次說法的努力

成為擴大幸福科學的起點，最初說法的不成熟和緊張

第一次的說法，是一九八六年十一月二十三日在「幸福科學發起紀念座談會」當中的講演，這也就相當於幸福科學的「初轉法輪」。

回想起來，當時雖然只聚集了八十七人，但都是來自於日本全國各地的人們。每每想到當時的情景，我總是感慨萬千地心想：「這場不到百人的講演，就是幸福科學即將揚帆遠航的起點啊。」

說來實在不好意思，在當時座談會之前，我明明已經是出家之身，卻還是忍不住地去想「如果這次失敗了，我就隱遁一段時間算了」。雖然那是一場從北海道到九州聚集不到九十人的座談會，但那畢竟是我第一次面對從全國各地

趕來，素未謀面的人群，甚至有很多人都比我還年長，所以我沒有把握講演能否成功。

實際上，回想當時的說法，我的說法技術尚未成熟，又因為緊張而導致說話速度過快。包含說法及現場提問回答，加起來大概是兩小時四十分鐘，但由於我的說話速度實在太快，照現在來看，當時講的內容可能已經超過一本書的分量了。當時的我的確很緊張。

畢竟，我自己也覺得「技術很不成熟，講的不怎麼樣啊」，所以在那之後，就不曾出版當時初轉法輪的說法ＣＤ或ＤＶＤ。其實我現在再重新觀看當時的影片，真的是害羞得要命，的確是太過於生澀，自己聽了也很難過。

就連鄉下的母親，在看到那個影片時也表示「啊，真的是看不下去了」。或許是她感受到了我那份緊張，所以她說「心臟很不舒服」，或許真的是如此，她應該是真的看出我當時很緊張。

只不過，就算是減掉那些扣分，應該還有一些正面加分的部分，所以我想我點亮了那些花交通費，專程遠道而來的人們心中的真理之燈，之後又擴大到了日本全國。

從最初創立時就叫我「什麼都不想就站上講台」的支援靈們

回想當時的情景，假如在那個時間點，我若是被清楚告知，將來會像現在一樣從事各種工作的話，我還真不敢說自己到底能不能接受，最多只會心想「那樣的事，真的會發生嗎？」

譬如，現在的「誕生慶典※」或是「愛爾康大靈慶典※」等說法講演，大多會在幕張展覽館、埼玉超級體育館等地舉辦。假如第一次初轉法輪時就決定，不在日暮里酒販會館那樣四十張榻榻米左右大小的免費場地舉行，而是改到幕張展覽館或埼玉超級體育館等地，聲勢浩大地舉辦的話，光是想像，就覺得應該會是慘烈地失敗吧！

從那時候開始，雖然存在著做為幸福科學的支援靈的高級靈，但畢竟其後的三十多年，歲月流轉改變了我自己，並且也對提供支援的靈人們的自覺、覺悟產生了影響。

二〇一八年的十二月，我在幕張展覽館舉行了法話講演，題目是總合本部給我的講題「興起奇蹟的力量」（收錄於本書第六章）。

如果要說明幕後的情況，其實從最初的座談會開始，到之後所有的演講會都一樣，雖然會先訂定講演會的題目，但我未曾事先對講演內容進行準備。

一般來說，人們在講演前會先在筆記本上寫下要講何種內容，或者是打草稿。過去我自己也曾在上台前一週或前一

※ 誕生慶典　為慶祝大川隆法總裁的生日（7月7日）而舉行，幸福科學集團的兩大祭典之一。

※ 愛爾康大靈慶典　於每年年終，全世界人們對主愛爾康大靈獻上感謝，幸福科學集團的兩大祭典之一。

天、當天，想要那麼做。

然而，打從一開始，事前就會決定「幸福科學的支援靈中，誰來擔任當天的支援靈」，每次當我向這個支援靈詢問「要講什麼樣的內容？」他們的答覆總是「什麼都不要想」。他們總是說著「什麼都不想就站上講台」，一直以來都是這樣，完全不讓我思考，「儘管站上講台就好」。

他們一直告訴我，「站上台後，自然就能說出話語。如果連這點都無法相信，你身為一個宗教家，真的是讓人感到可悲」。

或許有些媒體人士認為，「若是要上台講演一個小時，此人一定會寫稿子，然後事前做好幾次的講演練習」。

雖然我偶爾會說錯話，但是那種情況非常地少，我從早期開始，就舉辦過眾多大型講演會。這種情形，就算是做主播的人一般都難以辦到，所以他們才會猜測，「此人應該是事前做了十次、十五次的講演練習之後，才站上講台的吧！」

但是，實際上除了講演題目之外，我總是沒做任何思考就走上講台，直到現在也是一樣。

譬如，如果有人問我「在幕張展覽館舉行講演時，會緊張嗎？」我的回答就是：「嗯，有時會緊張。不過大概是五秒、十秒左右。」

在後台時還不會緊張，當站在舞台旁的帷幕，看著宗務本部長戴著耳機，表情嚴肅地用手倒數著數字「十……、五、四、三、二、一」的時候，我才會感覺到「喔，馬上要開始講演了」，邁步走向講台，一邊看著會場上眾人鼓掌，一邊想著「喔，原來今天我要講演啊」。走上講台，從正面往前方看，嘴巴便開始說出「今天我想要說的是……」。三十多年來，我一直是用如此形式進行。

如果說不可思議，確實是很不可思議。奇妙的是，對此我很有信心。

三十多年間，每天都持續努力準備，讓自己能講述各種話題

然而，即使我心裡有著「上台之後，應該會有『他力』降臨吧」的信賴感，但若是問到要如何到達如此境界，其實做為「前一個階段」，就是我「自力」的部分，也就是我三十多年以來，持續每天努力準備，讓自己能講述各種話題。

也因此，不應該說我「沒有做講演的準備」，而應該說「我做了準備，讓自己能講述任何的講演」。

我覺得我可講述任何的演講題目，因為我一直持續為此做足了準備。藉由不斷累積努力，終究會讓自己的力量逐漸變得龐大。

譬如，前幾天我坐車經過日比谷公會堂旁邊時，想起了「曾在這處舉辦過講演※」。當時是面對兩千名左右聽眾的講演，但這座可容納兩千人的日比谷公會堂，當時我覺得「能在這裡舉行講演的話，應該就算是一流了吧」。

一般演說家的極限大概就是兩千人左右。即使是自民黨的總裁，「黨大會之際，在日比谷公會堂舉行講演」，也算是極限了吧！

然而，就我的講演而言，很感激的是，有許多人從日本全國各地直接前來，或是透過衛星轉播收看，甚至法話的內容日後還會編輯成書，讓人閱讀。就算是十年前、二十年前，甚至三十年前的講演內容，同樣可以透過閱讀書本得知。這實在是令人感激的事。

如同累積年輪一般，讓人生持續成長下去的重要性和樂趣

即便如此，我自己真心慶幸的是，「我沒有那麼輕易地就

※ 舉辦過講演　1988年10月2日的說法「反省的原理」，1988年12月18日的說法「祈禱的原理」等。請參照《烏托邦的原理》（幸福科學出版發行）第3部、第4部。

辦到了」。

關於這一點，我曾多次以不同角度論述過，卻仍有許多人無法明白，真是感到遺憾。看著晚自己很多年才出生的年輕人們，一下子就覺得自己已成功的情景，我感到很遺憾的是，「為什麼那麼簡單就感覺自己成功了呢？」

總而言之，這些人認為「自己實在很偉大」，讓我感覺到他們拚命地為自己鼓掌。

雖然不知道這是否是因為他們的目標太低，還是不誇獎自己就沒有活下去的自信，又或者是因為平日被他人批評之後，為了反駁那些言論，進而才一直誇讚自己，但我總覺得這樣的人，器量還很淺薄，太滿足於自己的成果。當然，也有一些人不是如此。

幸福科學的年輕職員當中，有些人是在我初轉法輪時才出生，如今有些人已成為幹部活躍於工作中，讓人感覺到人的成長真的很快。然而，我終究希望人們能夠認識到，「每一年每一年，如同累積年輪一般，讓人生持續成長下去的重要性和樂趣」。

我在年輕時沒有什麼自信，常常感到丟臉、懊惱失敗。對於過去那多愁善感的自己，直到現在我仍舊覺得當時真令人感到難為情。但是，如今回想起來，對於當時沒有那麼容易就創造出成果的自己，我反而覺得得多少加以誇獎才行。

也就是說，無論在哪個階段，「不要認為這樣子就算圓滿了」。直至今日，我也仍舊認為如此。

譬如，若是我認為「出版的書籍要是能賣出一萬本，那就能高呼萬歲了」的話，恐怕就不會賣出大於一萬本的成績吧！

正是因為直到現在，我的教義尚未傳遞到世界的每一個角落，這一點讓我感到很遺憾，所以我才會繼續出版書籍；正是因為直到現在，我的教義還沒有辦法讓所有的人們聽聞，所以到目前為止，我持續講述兩千八百三十多次的說法（截至收錄當時為止）。就像這樣，這是一場「沒有終點的戰鬥」。

然而，就像是刻劃年輪一般，我深刻地體會到自己持續一點一滴地成長。累積了兩千八百次、兩千九百次的講演，我感覺到自己經歷每一次的講演，都不斷地累積小小的自信心（注：二〇一九年九月二十九日收錄的「哈梅尼的靈言②」，說法次數突破了三千次）。

像這樣不斷累積經驗，不論是大會場或小會場、偏鄉地方或大城市、國內與海外，或者是海外不同的國家、不同的城市，都有不同的情況，經歷了各種各樣的場合，「心」就會具備了「彈性」。回顧過去「當遭遇某種情況時，自己是如何克服、如何突破的」，我認為那般經驗將漸漸成為保護自己的彈力。

現今，或許就算是在大型會場，我也能夠輕鬆地講演。那是因為我一直理所應當地「努力維持讓自己與天上界總是能相通的狀態」，但更重要的是，

「我持續努力讓自己維持著『成功辦到是理所當然』的狀態」。

更甚至於，我每一年都會逐步拓展「新境界」，以前未曾做過的事，我開始一點一點地著手嘗試。

即使是那般開闢嶄新的領域，至今所累積的經驗成為了自己的自信，支持、保護著自己，每每我自問自答「是否該出手擴展新的領域」，通常自己都會覺得「嗯，差不多應該是時候了」。

譬如，過去開始向海外傳道是這樣，創建學校也是這樣。即使是開辦大學、創作電影、製作音樂，也全都是這樣。

此外，最近我發表了許多「外星人訊息※」，在當時公開之際也是一樣。畢竟三十多年來的各種經驗累積已轉化為自信，即使要開示新的教義，我也認為自己有足夠的信心，「就算被批評，我也不會那麼容易被打垮」、「若能把我批得一無是處，就

※ 外星人訊息　2010年後，多次公開收錄了「外星人解讀」、「幽浮解讀」，並且持續將其發行成冊。

請儘管放馬過來」。

就像這樣，越是累積實際成績，我越是感覺到「挑戰新事物的勇氣」也會隨之成長。

在這層意義上來說，「繼續努力」這一點非常重要。

2 任何事都無法一蹴可幾

釋尊開悟後，一方面營運龐大的組織，一方面努力傳道

本章的主題是「原因與結果的法則」，這類主題我已經講過許多次。

不過令人意外的是，大多數人無法那麼簡單地明白這個單純的道理，或者是「聽的時候明白，卻馬上就忘掉了」。

所謂的「原因和結果的法則」，說得再簡單一點，就是「沒有原因就沒有結果」。

如果不插秧就結不出稻穗；如果不播下種子就結不出果實。當然向農作物施肥、澆水、日照，各種條件都不可缺少，但這些全部都圍繞著「因果法則」而轉動。

譬如，釋迦開悟成為了佛陀，並不是因為他生為迦毗羅衛城的王子。「生為王子」，的確有利於培養出比一般人更好的教養，對養成遠大的見識也有幫助。然而，他卻將其全都捨棄，在二十九歲出家後歷經六年的修行、苦行，之後大徹大悟，並將覺悟的內容傳授給五位弟子，佛教才逐漸成形。

釋尊貴為王子出生，卻捨棄身分，從零出發，持續自行摸索修行。雖然他有跟隨著師父學習了幾個月，但未能感到滿足，進而開始自行探究。之後，他把自己覺悟到的內容傳授給他人。他一邊傳授、一邊又累積「悟後之悟」。

並且，隨著教團人數的增加，加入了各種不同的人們，為此就必須推出「新的教義」。只要出現至今從未參加過的人加入，就必須對這些人們講述教義。

此外，在教團組織的營運過程當中，若是各種問題頻傳，此時就必須制定戒律。

我認為，以如此形式，在每個時間點所努力累積的東西，最終即成為了形成大型教團，並使其能流傳於後世的力量。

就像這樣，所以釋尊的開悟並非一蹴而成，也不是因為他生在迦毗羅衛城，就自然而然地成為了佛陀。或許就算他出生於別處，環境有所不同，但我想他還是會依循類似的過程成為佛陀。

不分東西方，均被列為「成為英雄條件」的「貴種流離譚」

如前文所述，含著金湯匙出生的身分，在宗教上有時會成為一個難處。

特別是有著長遠歷史的宗教，譬如，現今瀕臨滅亡的西藏達賴喇嘛，他們便是根據出生來判定是否為喇嘛。又或者日本的天皇家族，也是根據出生而繼續綿延下去。

這些「貴種」，也就是生於貴族當中的人，有時會在自然成長的過程中成為偉人。

但是，實際上要真正地「開悟」，或是成為「德高望重」之人，就不是那麼的容易。

的確，其中也有靈魂的問題，當靈魂覺醒時，有些人即能成為非常優秀的人物。不分東西方，在列舉「成為英雄的條件」時，皆有著「貴種流離譚」的故事。

「貴種」即是指出生於貴族的孩子，「流離」即是離開了王宮、離開了都城，在各地流浪，四處漂泊。在和自己原本立場不同的地方，經受各種歷練、飽嘗艱辛，之後又回到都城。最後，此人終於領悟到自己的本來之姿，繼任王位或王子，又或者是成為覺悟之人。

「英雄的原型」多半皆是如此，這種情況不光是在日本，在海外也是同樣常見。

當然，並不是單純離開王宮就好，而是在流浪的過程中，還必須累積修行。出身高貴的人，在累積了各種經歷、勞苦、經驗，見到了百姓的生活和辛酸之後，所領悟到的東西會有所不同。那些領悟的內容，將成為此人成為好君主、好天子、好法王的助力。

若是沒有看過貧苦人民或庶民的生活，沒有經歷過人們為何而煩惱，進而直接晉升高位，有很多事情根本無法明白。在此人的周遭會出現眾多像城牆一般的障礙，讓此人看不見人們的疾苦，就算站在在天守閣用望遠鏡眺望，仍舊無法體會人們的辛勞。

在這層意義上來說，有一句話說：「年輕時期應將吃苦當作吃補。」就結論而言，我贊成如此說法。雖然有人認為，會說出這種話的人都是上了年紀之人。

在年輕時期，人們大多厭惡遭逢各種試煉，會想盡辦法逃避。但實際上，經過幾十年之後再回顧過去歷程，就會常常出現「正是當時的各種試煉，成為了培養自己成長的契機」、「當時真是沒有遠見」的想法。

不論從任何年紀開始，都能藉由「因果法則」獲得提升

關於心的話題，年輕時期說到「心」，人們大多認為那與「感情」同義。很多人認為「喜怒哀樂即是心」，這也是從小嬰兒逐漸長大的過程中，自然而然齊備的情緒。

但是，在發現心之前，人們若是不先累積豐富的閱歷，就看不見心。經歷過各種事物之後，心的感受力就會變得敏感，進而能面對各種人講述的不同教義。

另一方面，也有人看不到心。這種人是怎麼樣的人呢？那就是「只知道己

心的人」。

或者是，有人甚至「連自己的心是什麼都不知道」，有人還會被自己的心給欺騙，很多人被自己過去的經歷、家族背景、公司給困惑，將心罩上了一層玻璃，無法率直地看待自己。

因此，人終究要回到「因果法則」的原點，無論是年輕時期、中年期、壯年期、晚年期，都要知道「沒有原因即沒有結果」的道理。

譬如，是否有人是從年輕就頭腦靈光、身體強健？我想未必如此，因為有些人是從中年才開始頭腦變靈光，身體變強壯，也有人是從晚年時期才開始變得強壯。

我的親戚裡有一位退役軍人，年紀大約是九十五歲的老公公。即使已經九十五歲，他仍然堅持每天走一萬步以上，並且還說：「我的駕照差不多要被收回了吧，得好好留意才行。」這種精神讓我感到很佩服，想必他在年輕時期就很注重鍛鍊頭腦和體魄，之後依然沒有鬆懈。即使已經九十五歲高齡了，還是有這樣的人。他擔心駕照被政府收回，也為了不要被別人說「你都這把年紀還是不要開車了」，所以努力堅持每日走一萬步以上。

有很多年輕人，一天根本走不了一萬步。一萬步的距離大概是六公里，並不是那麼輕鬆就能走完。

我在幼稚園的時候，因為遠足活動而走到隔壁城鎮，單程須步行兩公里再走回來。記得當時走到雙腳疼痛，晚上還發燒了，即便年紀很小，但那算是相當遙遠的距離。我想如果是去爬山，也會是相同的狀況。

讓「知識」發酵昇華成「智慧」甚為重要

想要一步登天終究是不可能的。凡事無法一步到位，很多技能得透過訓練才能學會，其中有些技能不用的話會漸漸衰退、逐漸失效，但也有一些技能，一旦學會就不會消失。

譬如，「騎腳踏車」就是如此。人們在孩童時期，最初必須借助輔助輪，後來取下輔助輪，由父母等大人扶著後面的架子，一邊推著車、一邊往前騎。直到最後不需要大人扶著，自己獨自一人就可以騎乘。一旦學會了騎車，就算是過了二十、三十年都還是記得怎麼騎。

此外，游泳也是這樣。雖然最初很怕水，但一旦學會游泳，即使一段時間沒有游了，下了水之後還是會游。

就像這樣，「一旦掌握了技巧，就沒有那麼容易忘記」。

在前文提到了走路，對使用四足步行的四足動物而言，以雙腳站立、雙腳步行，應該極其艱難。

去動物園可以看到很多四足動物，其中有許多動物的體能、肌肉或運動神經的強韌度、敏捷度都在人類之上，不過能以雙足站立的卻極其有限。即便猴子站得起來，馬也能抬起前腿、雙足站立，但要邁步向前，恐怕辦不到。獅子、老虎、豹也是如此。在動畫的世界中，動物能歌善舞，在現實世界裡卻很難做到。因此，用雙腿步行並不是一件容易的事。

總而言之，在這個世間當中，透過體驗即可獲得的事物當中，有很多是值得學習的。一旦學會，就變成了自己的東西。

我雖然現在正傳授關於智慧的話題，但是想要將學習到的東西轉變為智慧，是一件困難的事。

那就像是發酵釀酒的過程，光是有原料不會變成智慧，必須經過窖藏、發酵才行。也就是說，在使用知識的過程中所遇到的各種情況，知識加上經驗，才能讓知識昇華為智慧發光。請各位要擁有這般世界觀。

因此，年輕時有時會被人誇獎「真聰明」，而這種誇獎本身則代表自己在這段期間認真、努力過了，所以我認為被這樣誇讚完全沒有問題。

但是，十八、九歲時有著聰明的頭腦，未必到了三十歲還能繼續保持靈敏。到了四十歲，也不見得仍舊聰明，也不知道到了五十歲、六十歲，能否依然聰明如故，或者是變得失智。我認為，這些全都和之後有無持續精進努力有所關係。

因此，只要有稍作努力，就可以在不知不覺中越走越遠。

這就像是，雖然撰寫一百本書，不是一件簡單的事，但只要一本一本慢慢地累積，最終還是可以寫成。在寫書的過程中，我深深地感覺到持續學習、體驗與寫書內容相關的事物，並且接收各種靈感，經歷各種各樣的事物，是一件非常重要的事情。

「馬上覺得自己已開悟」之人，思想膚淺之處

「原因與結果的法則」，真的是非常重要的道理。

譬如，同樣在上了年紀，過著晚年生活的人當中，有人是即使坐在輪椅上也努力活動身體，也有人防止頭腦失智，努力學習某些事物。這和那些什麼都不努力的人之間，還是會出現差異，以上請各位務必清楚明白。

的確世間存在著「在靈性上，一躍飛昇，立刻頓悟」的想法，尤其是在日本宗教當中，常常看到如此案例。的確，像這類「飛躍的瞬間」是存在的。覺悟前與覺悟後，確實存在那飛躍的一瞬間。不過，一般來說那不是轉瞬之間就能辦到。除非是超人，否則就無法突然飛到三千公尺高的山頂。

但是，如果把覺悟視為很低的境界，認為只要往上攀登一步、兩步就能達到的話，或許真的就能夠立刻開悟。

因此，希望各位不要有自己經歷了某事，就能立刻覺悟的想法。

有人抱持著光明思想，經歷了某事便覺得自己已經覺悟。又或者，有很多人進行禪修，過程中自以為自己已經開悟，但很多情形是此人「自己陶醉在那氛圍當中」。很多時候是自己剛好不知道那些「一般人認為理所當然之事」，當自己明白之後便驚訝地說「我參透了」，然而這讓我忍不住覺得「那實在是太膚淺了」。

終究得一步一步地邁入覺悟的世界，並且若非朝向各個方向前進的話，亦難以獲得覺悟。

單純以先天資質、方法論、旁門左道、人際關係，又或者是用人們從未用過的方法加以粉飾，這類做法最好盡可能地避免才好，因為那些方法都不是長久之計。

3 人生當中有眾多「受教於人而知之事」

受教於人而知之事①——主觀與客觀的落差

雖然我自以為是地論述了以上內容，但我在成為社會新鮮人一年左右之後，曾被公司的部長叫到位子旁邊，罰站說教過。

直到現在我都還記得他當時跟我說：「或許你以為自己在公司很努力，但你得知道，當你自己在聚光燈的照射下高歌的時候，旁邊的客人早就走光了啊！你旁邊一個人都沒有，只有你一個人在唱著歌。你自以為自己在聚光燈下唱歌，旁邊沒有一個人在聽啊！」那已經是四十年前的往事，但當時我感覺到「啊！原來有人是這樣看我的啊！」

我當時認為自己「完全不行，必須得更加把勁才行」，進而拚命努力又努力，但從他人的角度來看，有人認為我是為了求表現才那麼做。因此，我那時感覺到「原來有人認為我是在『屋頂上再蓋樓房，想要讓人覺得自己很能幹』，因而對我感到反感啊！」

的確，現實當中剛出社會一年左右的新鮮人，大多對於工作無法上手，所以我當時對於那些人的反應，覺得「明明自己必須要更努力才行，怎麼會招來那般反感呢？真是奇怪」。當時我真的完全不知道做為社會人士理應知道的眾多常識。

受教於人而知之事②——例如影印檔案

譬如，拿影印這件事來說，我就曾發生過幫上司影印，卻被訓斥了一番的情形。

公司的高階主管，大多會有秘書協助影印，除此以外的人，就只能自己去影印。有一次我幫上司影印之後，上司翻了翻文件，便說「喂！這裡怎麼印歪了呢」、「這種裝訂方式太怪了吧！你到底會不會啊」。但是，因為從未有人教我如何影印，在上司發怒生氣之後，我才第一次知道，「啊！原來不可以印歪啊！」

「話說回來，其他專業秘書幫忙影印時，文件完全不會裝訂歪斜，若是影印書籍，頁面與頁面之間，也仔細地不會印得漆黑」，雖然我當時這麼想，但另一方面我才了解到，「啊！自己連影印都沒有辦法讓上司感到滿意」。

受教於人而知之事③——如何對待機密文件

另一方面，我也看過高層主管親自影印的情景。

就在我說著「真是奇怪，明明那個人可以交給秘書去影印，但是他卻自己去印。是不是不太會用人啊」，前輩便跟我說：「你是笨蛋嗎？高層主管有著機密文件，那些不可以被他人看到。只要是那種文件，他就會自己去影印。如果是人事考核的文件，交給他人去影印，如果被人看到，或者是忘記放在哪個地方，那還得了啊！」那時我才明白「原來如此！原以為高層主管怎麼跟我這個最基層員工一樣自己去影印，原來是文件內容不一樣啊！」

受教於人而知之事④——不影印私人文件

此外，當我被派到第一個部門的時候，由於對工作內容不太熟悉，所以在自己製作學習資料時，曾經被人教訓過。

我在海外工作時期，因為處理了眾多外幣匯兌的相關工作，在回國後負責的工作內容，就變成需要跟銀行往來以及處理資金，但那些都不是能夠從教科書學習的業務。因此，當時我就經常將日經新聞的金融相關報導影印下來，彙整成資料夾學習。那時有一位前輩便訓斥我：「你在浪費影印錢！基層員工實在是太任性了！那點東西讀完之後記起來就好。」的確，這位前輩說的一點也沒錯。

受教於人而知之事⑤——剪報的無謂努力

類似的事，父親也曾經教導過我。學生時期，我曾經把報紙剪下來、劃上紅線，放在桌子的抽屜裡，而且存了很多。父親在看到之後，便跟我說：「年輕時我也經常這樣做，但是最後多半都沒什麼意義。你只能靠自己的腦袋記下來。」

實際上，日後回顧，我也確實經常覺得，絕大多數都是些沒用的報導。這種道理，在經歷過之後才明白。

當時，我剪下報紙上連載的新聞專欄，貼在紙上整理於文件夾當中，打算日後自學用。沒想到報紙連載完之後，專欄的文章居然被整理成冊出版，讓我大受打擊。「這下真的做了白工！以為那是與政治學相關的東西，自己統整歸檔之後可供日後學習之用，沒想到竟然直接出版了，這種被『背叛』的感覺好差！早知這樣，一開始就註明『連載結束後，將彙整成冊出版』不就好了嗎？至今辛苦整理的勞力，誰要為我負責啊！」

雖然發生了那樣的事情，不過在世間當中，真的有很多自己不曉得的事。即使只是不起眼的小事，如果別人不指點「這種事不能做」，我想自己是不會知道的。

受教於人而知之事⑥——講電話時的音量

此外，在接聽電話時，有些內容能夠被他人知道，有些則不行。一開始我完全沒有意識到這一點，所以講電話時，總是聲音宏亮。

沒過多久就有人提醒我：「整個樓層的角落，都可以聽得到你的聲音。在談論不能被別人聽到的事情時，你要用手捂住嘴，以防止聲音傳播到四週。」

這個細節也沒有人教過我，以前從來就不知道。

受教於人而知之事⑦——如何管理桌上的文件

又或者是，我曾經在午休的時候，沒收拾桌子就直接外出吃飯，後來有人告訴我：「你這傢伙，居然桌上文件敞開著就出去吃飯，如果午休期間被別人看到內容，那該怎麼辦？」

的確，財務相關的資料大多跟資金有關，即使沒有蓋上「機密」的印章，有許多內容被別人看到都會產生問題。到了午休時間，銀行人員可能前來推銷存款業務或取款，證券公司或保險業務也可能過來，形形色色的人都有可能會來回經過，其他部門的人也可能會過來。當別人告訴我：「要把文件翻到背面，並且上面放上其他東西，避免被他人輕易取走，然後再外出。」我才明白

「啊，原來是這樣啊」。

這些事，在進入公司的頭一、兩年，最晚到了第三年之前就必須要完全明白，但這種小事，有幾百幾千件之多。

就拿先前打電話的事情來說，我完全不曉得週遭人們的厭惡心情，「那傢伙嗓門還真是……，他以為自己是魚販嗎？」只顧著用全部的人都能聽到的音量喊著：「來喔！來喔！今天進的魚都很新鮮啊！」魚販大多都用隔壁商家都能聽到的大嗓門招攬客戶，但當時我被人教訓：「你不知道其他人也在工作嗎？」我才開始注意到這件事。

4「展現受教的態度」就是謙虛

若真心希望成長，自然會變得謙虛

雖然有許多類似這種不被他人指點，就不會明白的事情，但為了讓別人願意教導自己，就絕對不可擺出一副不可一世的樣子。就如同我經常說的「要保持謙虛」，意思也就是「要展現受教的態度」。

只要維持謙虛的態度，他人就會願意教導你。其中更是有一些善心之人，這些人在你快遇到危難的時候，會出手相救。那實在是很令人感激的事，而且在私下學習到的那些東西，大多會成為日後的智慧。

附帶一提，經營者在成功之後所出版的書籍，其中雖然有些部分是自身的自述，但許多內容其實是經過他人的編輯。譬如，「公司失敗的部分」大多會被巧妙地潤飾，讓人看不出來。為了不讓讀者看到「經營者的失敗體驗」，那些部分常常會被編撰成「奮鬥歷程」、「成功歷程」。人們在讀了之後會信以為真，然而實際上有許多實情並非如文字那般的敘述。

無論如何，在遭遇失敗之後，自己進行反省、接受他人訓誡，是非常重要的事。為此，我們不可以擺出一副趾高氣昂的態度，不可以認為自己已經做得很好了。

如同前文所說的「貴種流離譚」，即使生來身分高貴，但若是沒有歷練過流放鄉野的經驗，沒有飽嘗各種艱辛，就無法明白庶民的感受。然而，就算沒有那般經歷，在現今身處的環境當中，只要有心，一樣可以獲得眾多資訊，看見許多東西。

然而，若是自尊心過高，你就看不到那些東西，覺得「我就是我」，心裡總是想著自己要如何發展，要如何立於他人之上。如果是這樣，那就非常危險了。

有時的確會出現自己必須全力以赴的時刻，屆時你就應該竭盡所能努力。譬如，歌手在眾人面前歌唱，如果你「為了不讓他人看到自己的實力，盡可能小小聲地唱歌」的話，或許你就會被炒鱿魚。身為歌手，就必須要竭盡所能地大聲歌唱。

但是，若是在一般時期，就不需要過於彰顯自己。為了保護自己，進而像動物虛張聲勢一般地豎起毛來的話，旁人就會不敢再對你說些什麼，對此得多加留意才行。

平常還是用輕鬆直率的態度與他人交談，努力讓自己能聆聽到各式各樣的聲音會比較好。

總而言之，「維持謙虛」並非是一種「努力目標」或「道德的德目」，而是若你自己真的想要成長的話，自然而然就會變得謙虛。

如果你是「真正的人才」，他人絕不會錯放而過

此外，在演藝界的明星當中，也有很多過早成名，之後就變得不再成長的人。

拿到一個「好角色」是一件值得慶幸的事，但你必須抱持著「就算是其他的角色，自己亦能完美演繹」的心態。

即便是一般的工作，也有會迎來眾人矚目的好工作，或是有可能被分配到毫不起眼的地方。

屆時，你會如何立身處世、如何努力、如何修行，旁人全都看在眼裡。你有多少忍耐力，能夠持續努力到何種程度，他人全都看在眼裡。此外，也不光是他人在看著，對於自己是如何對處，你也是看得一清二楚。因此，在那段期間能做到什麼程度，這和你往後的人生密切相關。

總而言之，如果你是一個真正的人才，他人絕對不會拋棄不管，也不會忽

視而過。

當然有些人是自我膨脹，也有些情況是有些國家或公司自甘墮落，若是如此人才就有可能被忽略。排除上述的情形，假如此人真心地想要成長、茁壯，那麼真正的人才是不會被人們忽視的。

請各位堅信如此道理，持續努力向上。

努力不讓自己過於自負

「原因與結果的法則」，或許不見得每件事看起來都符合這個法則。一般來說，人會對他人嚴厲，對自己比較寬鬆，有時對於「明明已經這麼努力，卻沒有獲得回報」會感到不滿。

然而，此時你必須要觀察其他人又是如何。

比方說，有一個五千人前來參加的選秀會，最後能留下來的就只有一位。

假如你是那一個最後被留下來的人，或許你能夠想出許多「理所當然」的理由。

但是，其他的四千九百九十九人，難道就沒有努力過嗎？又或者，他們真的素質比你低嗎？沒有才能嗎？答案未必是如此吧！

即使至今都是扮演不受矚目的配角，但有些人會在途中漸漸地竄紅起來。換言之，即便有著隱藏的才能，若是那才能越是出色，有時就是無法立刻地嶄露頭角。

從這層意義上來說，不要那麼簡單地就給自己貼上標籤，也必須知道過早成功的危險性。即便很早便嶄露頭角，也有可能之後會遇上不順遂之事。

我在前文有提到我在商社時期，曾被部長叫過去訓話的事情。「或許你自以為是站在舞台上，在觀眾面前一展歌喉。但就在你獨自享受聚光燈的時候，卻不知大家何時踹倒椅子走掉了，最後可能一個人都不剩」，當時他是這麼跟我說的。或許各位讀者當中，有人也曾歷經過類似的事情。明明自己覺得「實力不足，還需要更努力」，但看在旁人的眼裡，會覺得此人為了獲得他人關注，才會那般求表現。

通常人們難以看到他人的長處，但缺點倒是看得一清二楚。此外，人們大多知道自己有何優點，對於自己的缺點會盡量隱藏，最好不要被他人看到。然而，周遭人們未必會對此人的缺點指指點點。除非對方認為「對此人指點，此人也不會感到難過」，否則大多不會予以指出。甚至越是狡猾的人，就會認為「這樣下去此人就會完蛋」，進而表現出一副完全不在意的樣子。

因此，他人願意教導自己是一件令人感激的事。在年輕時期，被他人指正、指摘，有時會感覺到受傷，但終究對此要抱持「感激」，努力將其化為自身的成長食糧。

隨著你的實力擴大，你能成就的事情也會逐漸擴大

想掌握自己的心，不是一件容易的事。或許人們對於心的認識，僅止於「喜怒哀樂」的程度。

動物也有喜怒哀樂，昆蟲也有些許的喜怒哀樂。然而，你能將己心的感受實體化到何種程度，即代表了你有何種程度的成長，那亦是你覺悟的本質。

因此，你必須增強自己的感受力，努力去理解各式各樣人們的心情。若你能理解眾人的心情，就表示你對自己的心能夠看到眾多的面向。

為此，就必須要有知性的學習，亦必須努力鍛鍊體力，也必須與他人之間進行互動。有時必須講出與他人不同的意見，有時則必須與他人互相協調。此外，有時必須勇敢地做出決斷，拉著眾人往前行，也有時必須對於最後的結果負起責任。

當你必須對結果負起責任的時候，你的那股「為了能夠勇敢做出決斷的氣

概」或者是說「勇氣」，即會有所成長、提升。

也就是說，你能做出的決定或是能成就的事情範圍，會隨著你的能力、成就的增長而有所擴大。對此不可不知。

5 一邊「除鏽」，一邊努力吧！

檢視內心生出鏽跡——佛教的「心之三毒」

譬如，幸福科學最初舉辦座談會的時候，我曾經反省過自己不太會進行講演的這件事。但在那之後，講演會場規模越來越大，參加者也越來越多，信眾也逐漸增加，教團的勢力逐漸擴展至全世界。

從這層意義上來說，擁有遠大的夢想固然是一件好事，不過最重要的是要不斷一點一滴地努力，一步一步地往前進。

世間當中，有很多東西會漸漸淡忘。雖然腳踏車的騎法不會忘記，但有時會變得無法騎腳踏車。此時，努力地「除鏽」是很重要的。

在釋尊的教義當中，有一句話是「鐵之鏽，生自鐵而腐蝕鐵」。

鏽本來就是鐵，即使剛開始是很好用的鐵製品，但是當遭受雨淋、變得陳舊，就會產生鐵鏽。刀上有紅鏽就不能切東西，必須去除掉才行。假如不磨刀除鏽，刀子便不能使用，菜刀也是同樣原理。

就像這樣，鏽雖然生自鐵，卻能把鐵變得沒有用處。

那麼，從人的心中生出來的鏽又是指什麼？簡單來說，就是名為貪、瞋、癡的「心之三毒」。

「貪」是指貪欲。

相對於你現今的努力、過去的經驗、努力、精進，你是否抱持著過度的欲望？你是否有著貪欲呢？

「瞋」是指憤怒。

你是否容易立刻生氣呢？當別人指出自己的問題或缺點、失敗之際，你是否會立即惱怒生氣呢？

或者，你是否會把好惡擺在臉上，毫不掩飾地表達「討厭這個、這個不行、這個不錯」？你是否在男女問題上，直白地表現「喜歡」或「討厭」，對部下或上司的好惡也是直截了當地表現出來呢？

若是如此激烈地表達自己的好惡，就是抱持著一顆瞋怒之心。你是否會這樣呢？

若是用公平的眼光看待他人，即能看到對方的長處與短處，那些大多終究只是程度上的差異而已。如果你有著強烈的瞋怒之心，就請自行進行反省。

此外，所謂的「癡」是指愚癡。

譬如，各位能夠從書籍當中學習佛法真理，也能夠聽懂其內容。若是我出一道關於「原因與結果的法則」的題目，各位應該也能夠洋洋灑灑地寫下一整頁的答案。但是離開了書本、精舍，走到了街上之後，有人就會將其忘得一乾二淨。

你的眼光、聽力會隨著你的努力而變得靈敏，你也會逐漸了解許多事情。不管是哪一種工作都是如此。

譬如，當我觀看某部電影時，曾經發現到一件事。

那是一部以著名作家的小說改編而成的電影，片中有許多知名演員演出。於是我想「彙集了這麼多知名演員，應該是一部了不起的傑作吧！」殊不知那是一部完全不值得一提的片子。若要說這部作品究竟哪裡不好，我能列出幾處，但當我一邊這麼想的時候，我感覺到「因為自己也在製作電影，自己的眼光比以前嚴厲了很多啊！」

總而言之，單純享受電影之人的眼光，和製作電影之人的眼光有所不同。製作電影的人會仔細觀察導演的能力、原著小說的內容，以及演員的演技。

「因果法則」與「魔法、魔術」也有關聯

附帶一提，當時我觀賞的電影是「拉普拉斯的魔女」（二〇一八年上映／東寶）。當時我正在製作「我的女友是魔法師」（製作總監・原作　大川隆法／二〇一九年二月上映），為了研究魔女，我的秘書買來了這部電影的光碟。

這部作品集結了女演員廣瀨鈴、偶像團體「嵐」的櫻井翔等一流演員，又是根據暢銷作家所寫的小說改編，所以我很好奇「到底是怎麼樣的魔女」。但看完之後，就覺得「什麼？這樣就結束了嗎？怎麼這部片子會拍成這樣啊？」因為在劇情當中加入了現代的要素，所以跟魔女一點關係也沒有。起用了那些大牌演員，最後竟然把片子拍成這樣，真的是讓人感到落寞。

此外，我在過去曾經對人說過某一個演員，「未曾看過此人所演出的作品是失敗的」，這個演員也在那部電影裡演出，但觀看之後我覺得「就連這位演員，最後都讓他以那般蹩腳的演技告終，這部電影的導演也實在是『太厲害

了』」。也就是說，我了解到「最後竟然讓這位演員用那般悲慘的演技死去，導演的功力實在有待加強」。雖說如此，我也害怕「不知道觀眾會如何觀看我自己製作的電影」。

話說回來，那也是一部某種程度賣座的電影，所以不宜說太多壞話。有很多一流演員演出，不可以與他們為敵，我就講到這裡就好。

總之，我為了研究魔女而看了那部電影，感想是「啊！實在是拍得不好啊！」當然，我也必須用相同的標準看待自己，我只是希望各位能明白「依據不同的經驗值，看人的眼光將有所不同」。

本章以「原因與結果的法則」為題進行了論述，但願各位能時常回想其中的內容。

如果有了魔法，或許確實可以在瞬間實現心願。

然而，即便是魔法，也有白魔術得以使用的「原因」，亦有變成黑魔術的

「原因」。

請各位明白「因果法則」與魔法、魔術也是有著關聯的。

改變明日的話語②

在試煉當中，能獲得靈魂的光輝與德性

為了獲得堅強的意志力，
必須經歷長時間的自我鍛鍊。

人生當中，意志力很重要，
但沒有人「生來就擁有強大的意志力」。
人們會透過觀察最後的結果，
判斷此人是否擁有「強大的意志力」。

然而，我必須說，
「做為人的素質而言，
沒有人從呱呱墜地的嬰兒時期開始，

就擁有強大的意志力和強韌的精神力」。
我確信，在人生的過程中，
克服各式各樣的歷練之際，
才會漸漸地具備意志力。

或許各位在內心當中盼望，
「若是可能，最好不要遭逢任何試煉，
能夠輕鬆、幸福地生活下去就好了」。
然而，在人生當中，有時會出現看似逆境的情形。
有時會吹起了逆風，
在學業上受到挫折，在工作上遭遇失敗，
人際關係上的糾葛或別離，

此外還有憎恨、悲傷等等各式各樣的情形。

「對此但願能夠避開」，我想這是各位的盼望吧！

但是，那些是無法避免的。

因為若是避開了那些痛苦、悲傷，

會浪費了各位在今世的靈魂修行。

也就是說，

「難得生來人世間，

卻沒經歷重大修行，就此結束人生，很是遺憾」。

的確，一部分的能力或才能是與生俱來的。

但是，光是依靠那些能力，人是不會進步的。

當人被賦予適合此人的各種人生問題，

一邊歷經痛苦，一邊克服苦楚的時候，
才會出現靈魂的光輝、德性。

因此，正祈禱著「請不要賜予我試煉」的人啊，
你等於在說著「請不要賜予我德性」。
在試煉當中，你將得到靈魂的光輝。
所以，請堅強起來。
請誠實地面對自己。
請謙虛看待自己的佛性。
請堅信自己的佛性。

第三章

遂行高貴的義務

——培養與建立能創造出價值為他人貢獻的「人才」與「國家」

1 看透「制度或ＡＩ將為人類帶來什麼」

日本政府的「勞動改革」最終將前往何處

現今日本，假日和連休特別多，特別是二〇一九年新天皇即位，日本出現了大型連假。

日本政府正宣揚著「勞動改革」※，但政策不明確，我實在無法了解其真意。日本的假日天數比美國還要多，此外日本政府還鼓勵民眾「週五早點下班去玩樂」，甚至告訴人們「未來將建立賭場，每週最多可以去三次」。我真的搞不懂這些政策的意義是什麼。

並且，政府還拚命要求企業「提高最低工資」。一方面要求提高工資、增加休假，一方面又要求企業繳納更多的稅金。

這不禁令人嘆息，如此政策最後將導致何種結果。看起來政府在眼前執政期間內，端出了讓每個人都能得利的政策，但我很擔心最終會變成何種結局。

終究這應該會讓日本的國際競爭力下降。

在我眼裡，日本政府好像在一直鼓勵國民「借錢不用還，也不用工作、不用存錢，能過一天就算一天」。日本政府的那般政策，讓人不由自主地感到「居心叵測的親切」。

另一方面，政府雖然報導經濟持續維持好景氣，但國民在現實生活中，卻感覺像是被勒緊脖子般嚴峻。

政府使勁地勸國民「把存款都領出來，盡情地消費吧」，但錢一直花下去，人們不僅會用盡存款，還會買

※ 勞動改革　為防止長時間勞動所引發的過勞死，日本政府改善勞動環境的措施。2019年4月1日實施的相關法規中，勞方有義務取得有薪假，並且規定加班的上限時間。特別是，若加班時間「一年超過720小時」的企業將施以刑事處罰。中小企業的加班規則將於2020年4月1日開始實施。

下一堆無用之物，最後就會苦惱於不知該如何處置那些東西。我總覺得這樣很不對勁。

當學習者和教導者相互呼應之際，就會出現「人才」與「人物」

從二〇一八年開始，那些被稱為「寬鬆世代」，也就是從小學起接受「寬鬆教育」的人們進到了幸福科學，成為新進職員。雖然我還不清楚他們的能力如何，但總是感到有點擔心。

我不是很了解他們至今所接受的教育細節，但與我的時代相比，很明顯地他們的教科書內容僅剩下一半左右。「用了一年的時間只傳授一半的內容」，結果會變得如何呢？

如果這樣的做法，是希望學生在補習班上課的疲累頭腦，能在學校得到休息，那麼多少還可以理解。或是為了要減輕父母親支付補習班費用的負擔，而讓學校學費無償化，如此做法我能明白。

只不過，若真的如此，國家就等於是逐漸放棄了教育權。因此我認為，如果真要這麼做的話，國家就應該盡可能地不要插手教育。

本來所謂的教育，就必須是教導者對於「自動自發想要學習的人」給予指導。並且，關於高度的知識、技能，也必須配合學習者的學習意欲給予指導。當學習者和教導者相互呼應之際，「人才」才得以培育，「人物」才得以出世。

然而，總是看到教育單位，有著將人一律視為「從工廠生產線上製造出來的東西」的現象。

雖然機器人很便利，日後也會漸漸進入以人工智慧驅動各種事物的時代，不過，如此一來既有好處，也會衍生問題。

由於人工智慧和機器人不斷地增加，從事研發相關設備的人們，若是能夠在競爭中獲勝，那般市場即會擴大。但另一方面，身處於與此無直接關係的世界的人們，漸漸地就會被職場淘汰，或者是被調降薪資，待業的時間也有可能逐漸被拉長。

缺乏靈活性的最新功能，能稱之為「進步」嗎？

以前我曾有一台乘坐了十年左右的轎車，後來有人說「車輛的保養費用非常高，搞不好每年需要花費上百萬日幣」，於是我改成向租車公司租車。畢竟保養成本較高，而且每隔五年就會有更新的車種問世，所以擁有一輛舊車並不划算。

雖然租車沒什麼不好，但我初次乘坐的時候，我感覺自己好像在搭計程車。好比快要接近法話講演會場的東京正心館前，我解開了安全帶，結果所有人的座位竟開始叮叮噹噹地齊聲作響，就好像是計程車提醒司機有乘客「沒有繫好安全帶」。或許這是最近的新車新增的功能，但我不禁覺得「這樣實在是太吵了」。

若是在計程車上解開安全帶，車內就會立即響起要乘客繫上安全帶的警示音，但馬上就要進入建築物了，解開安全帶是乘客的自由。因為不是行駛在高速公路上，乘客在自行判斷「就快要下車了，沒有問題」之後，才解開安全帶，但車輛卻響起警示音。這到底能否算是一個先進的功能呢？

就像這樣，雖然被稱為是「高級車」，不過實在是很囉唆。該沉默的時候沉默，該提醒的時候再提醒就好，但這輛車卻不是這樣。就算判斷「打盹很危險」的時候，喚醒駕駛員的功能非常重要，但對於其他功能還是有著無法讓人滿意的地方。

「人工智慧的進步」將為社會、雇用和經營帶來什麼?

像前文中所述的世界,今後將隨處可見。就這層意義上來說,今後將會出現人工智慧的電腦社會。

關於這一點,當然有其優點。單純考慮的話,這麼做就不再需要大量人手,可以降低成本,穩定公司的經營。

但是反過來說,對於單純從事勞動的人們的雇用,當然也會跟著減少。

推敲這個政策背後的含義,政府提倡「增加休假」,聽起來似乎是在要求人們「一年只要工作一半的時間」,不過我認為這是政府希望藉此增加臨時聘雇的機會。

此外,就算政府呼籲「增加休假」,也還是有超商等無法休假的工作場所。建築業也有工期,必須在工期前竣工,所以難以休息。有時為了趕上完工期限,建商還必須多雇用人手。

綜合以上所述，假如政府賢明地進行綜合性判斷的話，那是另當別論，但如果不是的話，恐怕會出問題。

2 如何從事機器人無法勝任之具有「精神價值」的工作

人工智慧尚無法充分對應「語言系統」

雖然人工智慧至今尚未十分完美，但由於人工智慧已經可以在將棋、圍棋的大師賽當中獲勝，所以其力量還是讓人敬畏。

對以成為職業棋士為目標的少年們來說，雖然學習將棋還處於熱潮當中，但實際上對於棋士來說，前景堪慮。

然而，就算是用了人工智慧，也不是所有事物都能應對自如。特別是在「語言系統」方面，有些東西電腦仍然無法靈活處理。

譬如，有人說「人工智慧在經過鍛鍊，提升其英語能力後，已可以在多益考試中取得接近九百分的成績」。

但是，幸福科學大學（ＨＳＵ）※透過「人力」傳授英語，學生們的分數可以超過九百分。可見人類的頭腦不容小覷，有些地方人腦仍略勝電腦一籌。

此外，用人工智慧解答大學入學考試問題的話，尚且無法達到能考入一流大學的水準。在數學、物理或其他完全可用死記硬背的科目中，人工智慧或許能拿到一點分數。但若是以英語、國語為中心，能夠自由自在變化的科目上，據說人工智慧的對應能力就很低落。

在各位當中，應該也有從事電腦或人工智慧系統方面的技術工作者，我絕對無意讓各位的前程黯淡。盼望從事這類工作的人們能創造比他人更好的產品，在競爭當中開拓通向

※ 幸福科學大學（HSU） 2015年4月開辦的「日本首間正宗私塾」。以「探究幸福和新文明的創造」為建學精神，由「人類幸福學系」、「經營成功學系」、「未來產業學系」和「未來創造學系」四個學系組成，在千葉縣長生村和東京都江東區設有校區。

未來的道路，取得重大成就。

機器人無力勝任唯獨人類能夠從事的工作

另一方面，與人工智慧、機械無關的人們，必須要防止自己被人工智慧或機械取代工作。這些人必須盡可能地為自己的工作增添附加價值，否則無法生存下去。

現今，可以看到電腦滲透到寺院的工作當中。

在日本亞馬遜等網站上，甚至出現了「僧侶配送」的服務。還可以由電腦篩選經文，為人誦讀出來。在取法號的時候，也可以將此人的經歷和名字輸入之後，適合的名字就會出現。據說法號的價格已經跌到三十萬日幣以下。

然而，我擔憂「可貴性」將慢慢消失，寺院的未來將瀕臨險境。

這其實是其他寺院的事，還請恕我多言。

幸福科學的信徒當中，有很多人是寺院的住持，他們一方面閱讀我的著作，一方面誦讀著經文，但要是稍不注意，住持這個職業可能就會不見了。

未來有可能會出現模仿住持的機器人，一邊咚咚地敲著木魚，一邊配合對方的要求念經。或許還會有機器人問你「你希望採用什麼樣的讀法？是否需要稍微加快速度？如果希望早點結束的話，我可以把一小時的內容，壓縮在三十分鐘之內讀完。或者是將中間的部分省略，以兩倍的速度誦讀」。

搞不好現在已經有這樣的服務也說不定，但我必須質疑「做為宗教來說，那樣真能達到供養的目的嗎？」

「為了達成這種精神性的目標，需要何種努力」，對此必須要以如此觀點，重新檢視工作內容。光是「人力比較輕鬆」、「成本比較便宜」，是完全不像話的。

若是問人能夠做什麼事，我想即是人可以提出嶄新的創意，因為人類具備發想力。

先前提到了，電腦在處理語言系統工作上的能力尚且落後，譬如撰寫小說等文章，創作繪畫、音樂等藝術作品，在人類能夠從事的工作中，有很多是機器無法勝任的。

尤其最重要的就是在情緒方面，那些能夠讓內心安定、平和、成長的工作中，有太多是機械無法代勞的。若是人類能在如此領域不斷提升水準的話，前途尚屬光明。

如何將人生轉變成高密度的「高貴之物」

本章章名是「遂行高貴的義務如何完成高貴的任務」，既然生為人轉生於世間，設定「如何度過這一生」的目標，就變得非常重要。

我們並非僅是為了節省經費，或者是像機器一樣提高單位時間的生產量，進而活於世間。終究「提升人生態度」是一件非常重要的事。雖然現在平均壽命延長了，但「如何讓自己在這輩子的壽命當中，活出高密度的人生」，這一點極為重要。

那麼，要如何才能活出高密度的人生呢？對此，要抱持著「遠大志向」尤為重要。

若是認為人類就像機械一樣，或是認為「人是從阿米巴原蟲進化，不過就像是機械發揮功能一樣，一旦不會動了就代表死亡」的話，那麼「高貴的情操」是無從而出。

因此，我認為人必須在人生當中，努力發現自身的精神價值。

工作本來就有「孕育高貴價值的功能」

本章一開始提到了「勞動改革」的話題，聽聞政府所說的話，我真的覺得其中滲入了「勞動是邪惡」的想法。

在猶太教、基督教的價值觀當中，認為「做為神的處罰，人類必須汗流浹背，辛苦工作」、「在伊甸園犯下罪過，被逐出的後果，就是女性要承受生產之痛，男性要汗流浹背地辛勞工作」。

因此，觀察歐美的精神脈絡，便會發現他們認為勞動所代表的意義，一部分和「犯人的強制勞動」一樣。

然而，在日本的傳統中，對於勞動並沒有那般觀念，所以我認為不可以被那種想法影響。

所謂的工作，是讓自己在人生時間中，使靈魂發光閃爍的一個重要方法。在工作當中注入靈魂，為了眾人、為了後世留下具體成就，這是一件非常重要的事。

如果把「監獄裡的囚犯因受罰而必須強制勞動」，拿來和「公司的工作」

混為一談的話，那可就大有問題。因為若是如此，你就不會把「工作」視為一件幸福的事。

單憑一己之力就能完成的工作，畢竟是少數。絕大多數的情形，你必須和他人一起努力，以組織為單位遂行工作。

但即便如此，只要將靈魂投入於工作，就能化為自身的喜悅，有助於自我成長。與此同時，還能回饋社會，使眾人獲得幸福、增加喜悅。為了建設這樣的社會，我們必須全心投入工作當中。

我認為在工作之中，本來就有孕育出「高貴價值」的功能。

因此，不能光憑「勞動邪惡說」行事，而是必須透過工作為社會貢獻，並且讓自身也獲得幸福。

在那段期間，創造出財富、地位、榮譽固然很好，但那些終究只是附屬品而已。

在自己的人生當中，人會透過某事實現自我，不過那必須是對人無害，且須對大眾有益。但願我們能被他人稱讚「有你真好」、「因為你的工作，讓我們受益良多」。

我想這即是人的生存價值，亦能讓自己「死而無憾」。「過去自己曾從事了如此工作」，對此能感到滿足非常重要。

假如沒有如此「高貴的義務感」，人很難長期持續地工作。

3 面對「人生活到百歲的時代」應有何準備

首先要調整好「思維模式」和「人生觀」

據說「在二十一世紀時，人類的平均壽命可能會延長到一百歲」。現今有些日本企業已開始努力將傳統的「六十歲退休」，延後到六十五歲左右，但推動起來有時不是那麼容易。

然而，若是把人類視為機器，認為「人類終將越來越羸弱」的話，最終就真的會變成那樣，但那其實是想法的問題。假如認為「人類活上百年的時代即將來臨」，那麼就得事前做好準備。「人生還沒有那麼快結束，現在才剛開始」，必須這樣提醒自己才行。

如果認為「五十歲是折返點，今後還有很長的路要走」，那麼你會做什麼呢？如果覺得「五十歲是折返點」，你會如何度過接下來的五十年呢？

如果不盡全力回答這個提問，此人的人生就有可能會像火柴的火苗般轉瞬即滅。

當我在每年的「誕生慶典」講述法話時，不會感到痛苦而是感到開心，不過我不太喜歡被人說「這是第幾次的慶典」，所以最近都不怎麼說數字。因為數字越大，越漸漸覺得自己必須進入棺材，實在是不怎麼高興。

如果是存款數字變多的話，自然是開心的事，但是太過於強調慶典的年數，實在是不怎麼開心，所以從最近開始就不再提到年數。

雖然我的年紀已經超過日本普遍的退休年齡，但我認為「才這點年紀就要退休？有沒有搞錯？」有些報章雜誌偶爾會用「年齡不詳」來形容我，然而要那麼形容其實也是可以。

對於覺得「人生就快結束」的人來說，其人生應該就快結束了吧！但對於那些尚不認為「人生就快結束」的人來說，還能從事更多的工作。

要如何才能繼續工作？那就是必須持續種下工作的「種子」，於此同時繼續鍛鍊自己，並且抱持「將眾人的喜悅視為自身喜悅」的人生觀。

不被「懈怠於工作的誘惑」擊敗

我講述過眾多的法話，但有時候會有這樣的誘惑出現。「是不是不需要講那麼多的法話比較好？如此一來，聆聽法話的人，只要偶爾前來聆聽就好，說不定因此會有更多人前來聆聽」、「如果講述法話的次數減少為一個月一次的話，應該會有更多人聆聽吧」。

但是，每每出現如此想法時，我都會重新思考，「不！若是被這個誘惑擊敗，自己也會變得怠惰」。

現今，我在一年當中能講述超過一百次以上的法話。如果將次數降低為一年二十次的話，應該會有更多的人前往幸福科學支部聆聽法話，或許有人認為「那樣應該比較好」。只不過，如果是那樣的話，一年就能辦到的事，就要耗費五年的時間，這可完全行不通。

所以，就我來說，我會做好我應該做的事，「要如何運用那法話進行傳道、如何讓尚未接觸到真理的人聆聽那法話」，這是弟子們的工作。因此，希望人們能深切理解「弘法在弟子」的道理，持續努力。

如果放任不管的話，每次來幸福科學支部的人，都是相同的成員，一旦法話的開示次數增加，這些人未必會每次都來聆聽，所以必須要邀約其他人前來才行。就是這麼簡單的道理。「現在開示了這樣的話，敬請前來聆聽」，就這樣邀約他人就好了。

總歸一句，弟子們的工作必不可少，我自己也不行鬆懈下來。

回春實踐法①——接觸幸福科學的思想及團體

來到幸福科學的人們，雖然年齡層各有不同，不過本會的優點就是「無論老少，在心態上都比較年輕」。本會的思想有著「讓超過一定年齡的人回春」的效果。

另一方面，對年輕人來說，也有著讓思考變得較為成熟穩重的優點。為此，在本會學習的年輕人出社會工作之後，在公司看來，這些人跟寬鬆世代中思想如同「海綿一般空洞」的其他同年齡層人相比，或許會覺得「雖然年輕，但是內在卻很充實，甚至有時還會出現能夠抱持管理階層想法的『怪人』啊」。我想，像這樣的人正不斷地在社會嶄露頭角。

回春實踐法②——擺脫「智慧型手機的泡沫化資訊」，接受「有深度的智慧」

那麼，要如何才能讓漫長人生過得充實、豐富呢？

其一就是請抱持著「求知的好奇心」。

「想要獲得更多的新知」，對於自己尚不熟知的事物請抱持著關心，並且請向他人講述、書寫、發表你在那些領域中的發現，甚至從中找到新的創意。我想沒有任何人能在所有領域，達到「全智全能」的地步。

現代人活在智慧型手機的時代，幾乎每個人都能從手機獲得基本的資訊。但是，若是想像我一樣寫書或是在眾人面前講演，光是使用大家都能從手機當中得到的資訊的話，我想那是絕對行不通的。

終究必須要去閱讀各式各樣的研究書籍，吸收人們不太會去接觸的內容。此外，不能只閱讀已翻譯成日語的書籍，對於那尚未翻譯為日語的書籍也須涉獵，對於各種領域的事物必須加以研究。

就像這樣，請讓自己有著「深度」。現代的資訊流速雖快，但大多是如泡沫一般的淺薄資訊。

有時人們會稱呼那些，能夠在短時間大量處理各種會立刻消失的資訊的人為「知性巨人」，但就我看來，那並非是知性巨人。我想人們是想要表達此人有著優異的「資訊處理能力」，但在不久之後，這種人終將敗給人工智慧。

的確，被那樣稱呼的「知性巨人」，確實能展現比他人更銳利的分析能力。但是我認為，若無法更沉穩地往深處挖掘，並讓資訊昇華為智慧的話，終將是不行的。

如果能持續那般努力，即便退休年齡從六十歲，延長至六十五歲、七十歲、七十五歲、八十歲，或許你的頭腦依舊能維持現役的狀態。

回春實踐法③——不需醫生的「體魄鍛鍊」與「奇蹟體驗」

此外，若是能用心鍛鍊身體，並且適時地讓身體休養，我想你就能接近「終生現役」的狀態，過著「不需醫生、不需醫院」的人生。

閱讀本書的讀者當中，如果有人是醫生或任職於醫院的話，在此我想先道個歉。因為我認為如今在日本健保制度的庇護下，醫院的有些收費是不當收入，因此若是各位能透過各自的努力，讓病人不用繳納那麼高的費用給醫院，我想那是辦得到的吧！

雖然醫學漸漸地在進步，然而有時會「創造」出一些根本不存在的疾病，對此得要小心才行。

在幸福科學的布教雜誌中，有時會刊載疾病痊癒的案例，或許在不久之後就會引起人們的注意，但幸好到目前為止，尚未出現因為疾病奇蹟痊癒，進而讓醫院倒閉的例子。

所謂的奇蹟，會在必要的時候發生在必要的人身上，如果隨時隨地都能夠發生就不是奇蹟。正是為了讓世人覺醒，奇蹟才會偶於各地發生。

4 富含靈感的工作法

「天上界的作家」降下的幸福科學電影劇本

附帶一提，不論世間的技術、科技、資訊如何增長、進步，我所從事的工作領域的資訊，卻完全沒有任何增加。我從一九八一年左右開始這項工作，在那之後世間改變了許多。然而，關於靈界的任何資訊，世人卻無法從其他任何一處得知。

最近，我向司馬遼太郎之靈※請教了「愛國心」。在靈言中，司馬先生說：「現在雖然有眾多接收來自地獄的靈感而拍成的電影，但沒有任何一處能夠讓我降下靈感啊！」

對此，我也是這麼認為。我想，司馬遼太郎先生沒有必要刻意到處跑來跑去降下靈感。

舉例來說，幸福科學集團也在製作電影，但本會的書籍並非是虛構，而是記述著真實的內容，所以在製作成電影前，必須加入故事情節。我的著作大多不像是小說的形式，所以在製作成電影時，必須要先寫下原著故事，也就是要先創作出類似小說的概念的部分。

這個原著故事是由我來製作，到了今年（二〇一八年），我已經創作出十三部作品的故事。為了在二〇二四年之後，仍能繼續推出幸福科學的電影作品，我不僅創作出了電影故事，我還精心創作了四十首的電影主題曲和插曲。

雖然我創作的這些歌曲，各位要等到幾年之後才能夠聽到，但這也就是我的工作風格。

※ 司馬遼太郎之靈　收錄2018年4月19日，參照《司馬遼太郎論愛國心》（幸福科學出版發行）。

在創作的過程中，先前提到的司馬遼太郎，不僅是到我這裡降下了靈言，還降下了電影原作故事，這實在是非常貴重。

這部作品目前暫時命名為「愛國女子」，預計於二〇二二年左右上映。雖然因為預算和製作順序的關係，沒有辦法那麼快進行拍攝，但這部電影的原作故事，是根據司馬遼太郎之靈給我的靈感，進而寫下的。

但是，那個時候只要當他進到我的身體後，我就會斜坐在椅子上，開始洋洋灑灑地寫個不停。以至於我開始擔心：「這該不會變成一部長篇小說吧？若是內容太長的話，就沒辦法塞進兩個小時的電影當中，該不會每天都要這樣寫吧？」於是，中途我就跟他說：「我們改用錄音的方式吧！」所以有些內容是以語音形式記錄。

就像這樣，司馬遼太郎、芥川龍之介和夏目漱石等人的靈會由天上界降臨，幫我寫出相當於電影原作故事的小說核心內容。此外，三島由紀夫之靈也曾出現過。

以這種方式創作出的作品，今後將以真人演出的電影輪番推出，那應該具有極高的價值。

當然，這些響叮噹的人物，在世之時所寫的作品就已經很有價值了，但那些靈示更是他們回到靈界累積學習之後所降下來的。因此，我想今後會有眾多價值斐然、別具一格的電影作品問世。

從這層意義上來說，我覺得「如果人工智慧真有那麼厲害，那就請試著創作看看啊！」這是一場對人工智慧的戰役，電影絕對做不出來。

這些作家在世之時，我沒有花很多錢購買他們的作品，心中有點愧疚。如果現在去買的話，或許能為他們的遺族多少貢獻一些版稅，但對於已經在靈界的人來說，一毛錢也進不了他們的口袋。所以我只能一邊懷著抱歉的心情，一邊做著那樣的工作。

富含靈感的工作法①——調整心境

「如果世間出現讓我想要給予幫助、助其一臂之力的人的話，我就會降下靈感給這個人」，天上界的高級靈界當中，有著眾多抱持如此想法的靈人。

譬如，不管是電影、小說，或者是戲劇、漫畫、動畫、音樂，甚至新款設計、流行服裝等等，有很多靈人會降下那般靈感給世間之人。

這些全憑各位在世間的精進、努力，如果靈人們認為「降下靈感給此人也無妨」，那麼此人就會接收到建議，自身的學習就變得更有意義。

當然，「使每個人都能成佛」這是難以到達的境界，但若是各位在幸福科學當中學習，既可能更接近佛，在世間之際亦能夠得到來自於優秀的高級靈所給予的建議。

於是，當各位在從事各式各樣工作的時候，靈感就會不斷湧現，實際上和從事同樣工作的人相比，你將變得極度有啟發性，總是能感受到靈感。

富含靈感的工作法②——努力於靈性的自我啟發

然而，即便是接收靈感遂行工作，但那也不是茫然地等待靈感的降臨。如同先前所述，抱持著求知的好奇心，勤勉努力，一點一滴地鍛鍊自己，展現出「自己要盡可能地終生現役，年紀越大，就越要產出更美好的事物」的態度，於是靈感就會源源不絕地降臨。

在這層意義上，閱讀幸福科學的書籍，透過CD或DVD學習我的法話，參加公案研修※等等，皆是打造「與靈界相連的頻道」極為重要的機會，希望各位務必珍惜。

「今後銀行的利息會越來越少，金錢不知該用於何處」，抱持如此想法的人，請將金錢用於為了開拓自己將來之路、自我啟發方面。

※ 公案研修　公案是指為了加深覺悟而進行參究的智慧話語。在幸福科學的支部或精舍，舉行著眾多公案研修。

富含靈感的工作法③——有助於他人的志向

然而，本會並非僅是推薦成就自己的願望就好，關於這一點還請不要搞錯。本會教導人們，「將自己進步之後所提升的能力，用於幫助他人之際，方才會有利於自己」，對此請各位務必理解其中意義。

創造出眾多抱持著這般「高貴精神」的人們，我認為非常地重要。

從這層意義上來說，推動傳道並非僅是為了「擴大教團的權力、權勢」，而是希望能成為「輩出眾多足以支持未來社會的人才之力」，以及成為「創造兼具富有及精神性社會的力量」。

放眼全世界，尚有眾多貧瘠的地區。現今尚有許多國家沒有充足的醫院、學校，有非常多的人們沒有辦法接受教育。

但是，即便想要為這些人們做些什麼，由於貧窮階層的人實在太多，能做的事非常有限。那些國家就好像被無底沼澤覆蓋一樣，什麼都會被他們吸進去，光憑本會國際本部的那一點「微薄收入」，實在是難以填滿那個黑洞。

有很多國家的人民，年收入只有日本的百分之一，到這些地方弘法，比起接受當地人的佈施，我們必須一直不斷地拿錢出來貢獻。即便將書籍翻譯成當地的文字，但大多是免費分發，就算我們想要弘法，卻好像有點走到死胡同的感覺。

5 重新檢視「單獨一國維持和平主義」的理由和方法

戰敗當時，日本被制定如此憲法的原因

瞭解那時世界的狀況，與此同時，思考自己能生活在當下和平的日本到底有何意義，我覺得非常重要。日本在戰後七十多年間一直堅持「單獨一國維持和平主義」，終究日本有必要重新思考這樣下去真的可以嗎？

做為本章內容的法話講演，是在日本的憲法紀念日（五月三日）舉行。不過最近人們討論憲法的熱度大幅下降，似乎人們越來越覺得無所謂（指講述法話當時）。

當然，有一段時期日本實行這樣的憲法，也是沒辦法的事。而且從戰後至

今，日本輿論認為「只要維護現行憲法，日本便能維持和平及安定發展」。

但是，觀看現今國際局勢，已不再是日本憲法所想像的世界了。

或許，敗戰當時的日本，被世人看作是如同現今的北韓一樣。在這個意義上，只要把日本憲法制定為「不可讓『如同北韓一樣的日本』再度囂張。為此，就必須要規定日本放棄戰爭以及不可擁有戰力，如此一來就無可奈何了吧」。我認為，日本憲法就是在如此想法之下被制定出來。

其實比起美國，日本從很久以前開始就很民主

然而，日本人突破逆境，敗戰之後所建立的美好國家，是至今活於現實當中的日本人努力的成果，而且戰前日本人的勤勉精神，於戰後又再度甦醒了過來。

在制定日本憲法的美國人當中，有很多人至今還是認為「日本因為敗戰，

才終於建立了民主主義」。但是，實際上日本從明治憲法（大日本帝國憲法）的時代，就創建了議會制民主主義，並且在明治維新時也揭櫫了「四民平等」的維新，所以日本是比美國還要早實現民主主義的。

美國甘迺迪總統的時代，尚有黑人種族歧視。為此，想要加以改革的甘迺迪，前往歧視程度相當嚴重的美國南部時，遭到了暗殺。

一九六〇年代當時的美國，只要發生了戰爭，就會優先將黑人送往戰地等危險地區。此外，在一九六〇年代，美國對於黑人多有禁止，例如「不可與白人搭同一台巴士」、「不可和白人在同一所學校接受教育」、「不可和白人使用同一個廁所」。就在那過程當中，甘迺迪推動了改革運動。

與此相比，明治維新時日本的「四民平等」，就顯得非常進步。在這層意義上來說，日本從過去就很開放。這般的文明程度，或許從日本平安時代之前就已經是這樣了。

因此，日本人對於自己國家的優點要抱持著自信才行。

長期主張北韓「無血開城」的幸福科學

綜合以上的觀點，我想簡單談談今後的日本，以及環繞著日本的各國的應有之姿。

二〇一八年四月，南北韓舉行高峰會，和平的氣氛看似加速廣擴，眾多報導亦是推著如此風向。此外，有媒體還認為「金正恩和文在寅兩人，是二〇一八年諾貝爾和平獎得主的最熱門人選」，我卻認為這樣真的沒問題嗎？

金正恩在會談的前一年還對美國放話說「我們要發射彈道導彈」，但之後他的妹妹（金與正）在出席冬季奧運會（二〇一八年平昌冬奧會）時獲得很高的人氣，於是便突然改口風，宣布「我們將朝向和平，努力推動無核化」，不過我認為人們不應該那麼輕易就上當。

長期以來，一直致力於研發原子彈、氫彈，直到去年還聲稱要用遠距離彈道導彈，不惜與美國一戰，如今卻突然大轉彎，一般來說是不可能的。

我覺得他之所以會那樣做，或許是「北韓國內出現了非同小可的危機，如果不這麼做就沒有活路，所以得擺出這般姿態」，要不就是「他在思考著更奸詐狡猾的事」。

當時，我認為若是能透過互相對話，避免戰爭進而達到和平的話，那是再好不過的事，對此我完全不反對。在二〇一七年的特別大型講演會當中※，我也向北韓表達了無血開城的訴求。當時我要求他們「完全放棄核武和導彈」，所以我並非是說透過戰爭取得勝利。

「是真正的領導者還是獨裁者？」看清國家最高領導人的要點

終究人們必須認清領導人到底是怎麼樣的人。到底他是一個「獨裁者」，還是一個「能夠帶領人們向前行的卓越有能的領袖」，對此必須要加以看清才行。

其中的差別在於「這個領導者在危急時刻是否有著自我犧牲的精神？為了拯救國民，此人是否抱持著即使犧牲自己也無所謂的精神？」觀察此人是否抱持著自我犧牲的精神，即能明顯地辨別此人是否是英雄。

雖然不可以太過於褒獎日本，不過譬如昭和天皇在戰前直接向麥克阿瑟說，「我自己會變得如何都無所謂，但請拯救我的國民」。麥克阿瑟對此大為感動地說道，「我看到了活生生的神」。

我不曉得麥克阿瑟的那番話是由衷的讚嘆，還是逢迎之詞。然而，昭和天皇的行動卻是獨裁者絕對不會去做的事。昭

※ 二〇一七年的特別大型講演　2017年8月2日，於東京巨蛋以「人類的選擇」為題，舉行了特別大型講演會。參照《信仰之法》（幸福科學出版發行）第6章。

和天皇當時表明「國民忍饑挨餓，生活在水深火熱中，請對他們伸出援手，我怎樣都沒關係」。當時，昭和天皇是自行前往GHQ（駐日盟軍總司令部），他應該做好了心理準備，「既然是要和麥克阿瑟見面，就算被反綁雙手、開鍘問斬也無所謂」。

GHQ當中肯定有很多人覺得，「把天皇陛下五花大綁，公開處刑也沒什麼不妥」。在這種情況下，昭和天皇獨自抬頭挺胸地去見麥克阿瑟，向他表明「我自己會變得如何都無所謂，請拯救我的國民」。這也應該是皇室在戰後得以保留下來的原因之一吧！

現今的關鍵就在於，金正恩是否也具備那般心境。如果他的心境是「我變得怎麼樣都沒有關係，北韓一定會實現無核化。所以請保護我的國民、不要屠殺我的國民」，如此自然會獲得外界的認同，之後因此得到了諾貝爾和平獎也沒有關係。

但是，假設不是那般心態，僅是為了當前得以苟延殘喘而做做樣子的話，那可就大有問題了。

6 履行從獨裁國家的侵略下，拯救人們的義務

解除北韓武裝的方向性應為何？

然而，重點並非僅是除掉那般獨裁者。即便他垮台了，若是那些身分不明的軍人建立起軍事獨裁政權的話，這也是一個大麻煩。

在這層意義上，我希望川普總統在呼籲北韓實現非核化的同時，還須完全解除北韓的長程彈道飛彈、中程彈道飛彈、短程導彈，以及包括化學兵器、生物兵器等等，足以興起危險戰爭的所有武裝。

川普總統預計將和金正恩舉行美朝高峰會談（注：截至說法當時。之後二〇一八年六月十二日，第一次美朝高峰會談於新加坡舉行）。我不希望他被金正恩的一句「無核化」就應付過去，也不希望事態被「今後我們會努力」、

「我們會階段性努力」之類的說辭拖延下去。

關於這次美朝高峰會，有消息宣稱「會在蒙古的烏蘭巴托或新加坡等地舉行」，最近川普政營似乎也主動探聽，先前南北韓元首會晤過的板門店見面。

假如美國真的希望在板門店會面，那麼我想美國可真是做好了「和」與「戰」的兩手準備。

雖然二〇一八年四月金正恩去了韓國，但為了防止韓國民眾為其傾倒，被北韓的友好氛圍所矇騙，美國的領導人必須抱持著「並非如此！美國和韓國是同盟國，我是以如此價值觀，要求北韓徹底地解除武裝」的意志，進而前去與金正恩進行會談。

與此同時，川普前往該地的舉動，也包含著「鼓勵海軍陸戰隊以及其他駐韓美軍」的意思。因此，若是會談當場決裂，立即可以做好戰爭準備。

如果是川普總統提議要「踏入板門店」，第七艦隊就必須前往足以能保護川普總統的地區。從這層意義來說，美國應該已經做好「是否透過軍事力量毀滅這個國家」，或「是否要完全解除其武裝」的心理準備（注：此次說法一年之後的二〇一九年六月三十日，川普總統在出席大阪 G20 之後訪問韓國，在板門店的軍事分界線，突然與金正恩舉行第三次美朝高峰會）。

想起鎮壓之下的蒙古、維吾爾和西藏的悲慘處境

然而，希望各位明白「不僅是北韓有問題」。接下來，中國也有問題。南蒙古（內蒙自治區）也處於被佔領之下，蒙古的狀況也十分嚴峻。

當然，幸福科學也在蒙古進行傳道。但蒙古尚未設立支部，所以只好在「青天白雲之下」的荒原上聚集幾十人，進行瞑想等等。雖然有點寂寥，但實際上我們確實有在傳道，也出版著蒙文的經典。

此外，關於維吾爾（新疆維吾爾自治區）的問題，幸福實現黨的釋量子黨

首也提出強烈控訴，該地自從被中國佔領後，因為施行同化政策進而遭受嚴酷鎮壓。關於這個地方，也存在著極其嚴峻的問題。

據說「被捕的人們※器官被進行買賣」，還有說法聲稱「被殺的人、被強制收容而失去自由的人在一百萬到兩百萬人之間」。

在新疆維吾爾自治區，被稱為「東突厥斯坦」一帶的人們都是伊斯蘭教徒，所以從馬克思主義「宗教即鴉片」的教義來看，確實有必要予以鎮壓。

此外，西藏也是同樣的情形。如同電影「火線大逃亡」所描寫一般，一九五〇年西藏突然遭到中國佔領，現今台灣也處於相同的危機之下，菲律賓也處於類似的危機當中。

中國做為霸權國家試圖將這些地區全數攻佔，過去也曾佔領過其他國家，所以我要向世人警告的危機，已經十分明白。

※ 被捕的人們　參照《霸主的心聲》（幸福科學出版發行）。

讓中國導入「自由、民主、信仰」的政治形態

今後中國在政治上應朝向的方向以及應認同的目標，即是「自由」、「民主」、「信仰」這三點。未來應將包含這三點的政治形態，導入於中國當中。

若是將「自由」和「民主」導入於獨裁國家，獨裁體制自然就會崩壞。在日本國內中，各方意見會在對立的價值觀當中切磋琢磨，因此沒有必要多加置喙。但對於中國，只要在其政治上加入「自由」和「民主」，就會出現截然不同的局面。

此外就是「信仰、信教的自由」。在獨裁者的國家當中，基本上都制定著眾多惡法。在這些國家，獨裁者制定了法律，讓人們看似為法治國家，但基於那般法律，國家能對人們肅清，做盡各種壞事，因此實際上是各種惡法橫行，

為此，就必須要加入「信仰」。在人所創造的事物之上，需要「正義」的存在。此外，「信仰的自由」被守護之後，「人權」才具有真正的意義。

現今在東亞當中，「對於肆無忌憚將他國收入囊中的中國，沒有任何一個國家有計可施」的狀態一直持續。因此，為了讓中國成為一個能將「自由、民主、信仰」視為政治價值觀的國家，或者是為了讓中國轉變為承認那般價值觀的國家，我們必須要以日本這個國家為支柱，逐漸增加影響力。

此外，在伊斯蘭各國當中，或許還有類似蓋達組織或伊斯蘭國（ＩＳ）那般危險的地區。但是，如同馬拉拉女士所說：「百分之九十的伊斯蘭各國，都是有可能接受民主主義的政體。」因此，若是幸福科學的教義能夠打入那些地方，我想伊斯蘭教當中冥頑不化的地方將會慢慢瓦解，人們對外界的理解就能更前進一步。

以上是我無論如何都想加以完成的事物，因此請各位給予我們五倍、十倍的力量。這是我對各位的盼望，並且將此做為本章「遂行高貴的義務」的結論。

改變明日的話語③

讓個人及組織都能成功的「小領悟」

即使微小，不管是商店或公司，
使其成功的祕訣在於，
抑制做為人本來就具備的想法，
也就是抑制住那種「想要獲得個人利益」的「自我」，
轉而抱持「為了有利於他人、讓他人得到利益，自己該怎麼做」的想法。

這就像二宮尊德所說的，
「在澡盆當中越是想要把熱水往自己身邊撥，
熱水反而會向反方向流去，
但若是往外撥水，熱水反倒會反彈回自己身邊」的道理一樣，
這可以說是做生意的訣竅。

如果總是想「讓自己得利」而採取行動，將人財兩空。
不應如此，各位應該抑制自己，
試著多為他人考慮。
如果多為他人考慮，
有些東西反而會回到自己身邊。
這是基本的經營起點。

無法轉換如此發想的人，
就算能夠透過個人一技之長活下去，
但我想，此人也難以透過運用他人經營事業。
對此必須要進行自我變革，
需要抑制自己，分福給他人，

要抱持如此想法，確實很難。

若想進一步發展，就必須逐一耐心地
傾聽客人的「投訴」、「批評」和「惡語」。
或許有些人非常渴望偉大、希望得到他人的褒獎，
所以才去當老闆，
但即便朝那個方向努力，
也不會有任何一個人真正地推崇自己，
生活也不會因此過得輕鬆如意。
在被他人斥責、抱怨之時，
若能逐一真誠地接受並予以解決，
為人們提供更好的「服務」、「商品」，

努力使他人受益。

在那過程中，自己便會逐漸強大起來，

即使自己不去刻意追求，

也會慢慢地贏得尊重。

我認為這是一個「小領悟」。

做不到這一點的人，永遠無法成為一名經營者。

第四章

對人生要有自信

——構築「心的王國」，告訴世人「未來的世界遠景」

1 改變自己，燃燒讓工作得以成功的熱情

向世界各國進行衛星轉播的誕生慶典

二〇一九年，我們很罕見地在九州福岡舉行了「誕生慶典」。在九州舉行的誕生慶典，或許那是最初也是最後的一次，若是當天有來到會場的人，希望能夠將其當作是人生的一個紀念。

由於會場如果不是在東京週邊，就難以聚集來自於全國的人們，所以本來誕生慶典應該是在東京週邊的會場舉行，但二〇一九年的那個時候，會影響全國的「大型活動」（第二十五屆參議院議員選舉）的舉行日程還沒有完全決定，所以我們也難以訂定舉行誕生慶典的日程。

因此，教團似乎沒有在前一年就把場地預約下來。而且，教團似乎打算在

比較小的會場舉行，但我跟他們說，「哪裡都可以，總之去找出大型會場」。

也就是說，因為不確定何時舉行誕生慶典，所以就一直沒有預約場地，直到快到舉行時間的時候，我問「都沒有空下來的場地嗎？」於是，就找出了兩個地方，一個是福岡，另一個就是德島。

由於近年我曾在德島的大型會場※舉行過講演會，於是那一年的誕生慶典，我便決定在福岡舉行。

因為誕生慶典的樣子，都會透過衛星轉播到世界各地，或許在海外觀看的人們會心想「為何是在福岡舉行？」但福岡姑且是日本「向亞洲發布訊息的基地」，亦是一個「保護日本之地」，所以我想應該還是有著某種意義。

※ 德島的大型會場　2016年4月23日，在德島縣立產業觀光交流中心以「人類幸福化的原點」為題舉行了講演。參照《傳道之法》第3章（幸福科學出版發行）。

在舉行誕生慶典的前一天，九州還下著大雨，但好在我進到了福岡之後，雨就停了。

以「對人生的堅強自信」開拓前方之路

我想要讓全世界的人們，都能理解的本章內容，所以我不打算論述過於細節的問題。本章的題目是「對人生要有自信」，所以我想要講述與此有所關聯的內容。

現今有很多人都在強調「對人生要有自信」的想法，的確藉由堅強的自信，即能開拓前方之路。

二〇一九年七月五日的誕生慶典，對我來說是第二千九百五十次的說法，距離達成第三千次說法※就在眼前了。

其實這若是沒有自信的話是辦不到的。若沒有「百戰百勝」的自信、「三千戰三千勝」的自信，是沒有辦法遂行這個工作的。因為不知道在講演之前會發生什麼事，總是會有許多突發狀況發生。

在海外講演時，有時候還必須有佩槍的保全戒備。此外，還有可能出現在講演前一晚，無法好眠的情形。去印度講演時，以為當地會很熱，但結果卻是飯店冷氣太冷，讓我直打哆嗦。

真的是會發生各種突發情形，進行了幾千次的講演，的確是會遭遇各種各樣的環境和狀況。

過去在愛媛縣舉行講演會※時，天氣預報當天會有颱風直擊，結果上午舉行講演時，颱風還沒登陸，講演結束之後，便直擊了愛媛縣。

※ 達成第三千次法話　2019年9月29日收錄之「哈梅尼的靈言②」為第三千次說法。

※ 在愛媛縣舉行講演會　2017年9月17日，於愛媛縣麗嘉皇家飯店新居濱，以「如何將自己培養成人財」為題舉行了講演。參照《自己的國家自己守護》第2章（幸福科學出版發行）。

而在青森縣舉行講演※之前，北韓才剛在津輕海峽上空試射飛彈，讓青森人感到十分害怕。但我說著「既然那樣，更是要去」，毅然決定前往青森縣舉行講演。當時我心想「區區飛彈，我要以念力加以擊落！」念力是免錢的，若能以念力擊落飛彈，那就太划算了。

當然，不可能一直都這麼做，只不過若是害怕的話，那麼就不可能舉行講演會。

就像這樣，我設想過在各種環境下可能會發生的所有狀況，從立宗以來的三十三年間，不斷期許自己，「無論在何種環境，都要做到盡善盡美」。

三十三歲，在兩國國技館面對八千五百人進行講演

前幾天，我重新聽了一遍自己立宗當時三十歲到三十三歲左右的三年期間，舉行過的幾個講演內容。雖然這樣自己說自己有點奇怪，但我過去還講得真是不錯啊！當年三十歲時，我自己還真是努力啊！

六十歲的時候很努力，六十三歲的時候也很努力，但過去三十歲的時候就已經很努力了啊！現在我雖然是以接近標準的腔調來講話，當回顧當時的說法，我感覺到「自己的關西腔還是很重啊！」但不管是三十歲還是三十三歲，自己還真是努力過來了。

三十三歲的時候※，我在兩國國技館，聚集了大約八千五百人進行了講演。雖然被人說「你還真是大膽啊！」但當時我的確是抱持著自信。

當時的我，就像電影「若是世界消失了希望」（製作總監・原作　大川隆法　二〇一九年十月十八日上映）當中所描繪的那樣，我在二〇〇四年曾瀕臨死亡。

※ 在青森縣舉行講演　2017年9月3日，於青森縣紐卡斯特爾飯店，以「絕不放棄之心」為題舉行了講演。參照《自己的國家自己守護》第1章（幸福科學出版發行）。

※ 三十三歲的時候　1989年12月17日說法「何謂極致悟境」。參照《何謂極致悟境》（幸福科學出版發行）。

從這層意義上來說，二〇一九年既是「立宗第三十三週年」，也是「復活第十五週年」。

讓任何工作的成果超越一般水準的使命感、熱情與信念

「還能夠工作」真的是令人高興的事，有事情能做，終究是一件重要的事。若能想到「還有該做的事能做、在世間還有該遂行的事情、還有該傳達的話語、還有未完成的事物」，這將成為自己的使命感、成為燃燒生命的熱情。

在此次前來九州講演之前，我曾聽說「九州人聽不懂太過於艱澀的話語，總之九州是熱情之地，只要有著熱情，大家的反應就能變得很熱烈。九州人彼此見面，都不用講什麼愛、知、反省、發展，總之就是講熱情、熱情、熱情就對了」。

我想，在某種意義上來說，那的確是如此。只要有著熱情，什麼都可以辦

得到。只要有熱情，任何工作都能獲得超越一般水準以上的成績。只要持續抱持著強烈信念，不管任何事都能夠成功。

譬如，我在前往福岡講演會場的途中，看到幾個賣豚骨拉麵等食物的攤販。即便一開始只是一個小攤販，但在工作過程中，燃燒自己的熱情的話，其生意規模一定能擴大為店鋪，進而事業化，最後必定能夠獲得成功，這個道理適用於所有的職業。

對於至今被賦予的一切所懷抱的「感謝」與「回饋」，將開拓前方之路

或許有人會認為自己沒有充足的才能、經歷、成績，但是各位不可以總是想著那些負面的事。

若是試著抱持著感謝之心，你便會發現自己已被賦予了眾多事物。那實在是令人感激之事。

如果要舉出現代人的缺點的話，那就是太缺乏感謝之心。現代人只想著要如何才能獲得，缺乏感謝他人、回饋他人之心。

假使能抱持著感謝之心進行回報，無論做什麼事，前方之路皆能打開，週遭人們皆會前來協助，如此心境十分重要。

不可用「來自父母的遺傳」和「過去的經驗」侷限自己

我在一九八六年舉行了幸福科學創立紀念座談會，隔年一九八七年開始舉辦正式的講演會，這已經是三十三年前的事了。

當時，家父在聽完我的講演之後，說道「你的聲音難聽、臉又不好看、身材也不行，頭腦是我跟你媽加起來除以二，腦袋又不聰明，沒有值得一提之處，所以以後不會再有人來聽啦！」

的確，身體是父母親給的，但是要如何磨練、使用這個身體，使其發揮力量，就是每一個人的問題。

因此，不可因為天生的遺傳，或者是過去的經歷而自我設限。只要持續努力，就會到達大於自己所想的境界。

在做這項工作時，對此我特別有感觸。越是往前推動，回顧過去，我經常覺得「過去有太多事情，實在是想得太小」、「對自己太沒有自信」、「太不相信自己的才能」、「過去太沒有自信去相信，週遭的人們會前來幫助自己」。

2 改變週遭和世界的話語及能量

扭轉週遭環境，喚來支援的不可思議力量

然而，若是人一旦毅然地決定要赤手空拳地往前開創之時，如此心境，就會讓眾人跟隨而來。若是沒有自信的話，反而會遭到批判，或者是被說壞話、被當成傻子、被說閒話。

抱持著自信、信念，往前突破之時，週遭人們就會轉為變成支持此人。這實在是很不可思議。

當時我任職於公司，想要開始創立宗教時，我強烈地認為「我必須獨自一人立世，沒有人會跟隨而來」，也沒有想要依靠朋友。

所以，起初我本來是打算自己一個人運作幸福科學，但是當我這麼做時，

從日本全國各地就開始出現，從未謀面的人們前來幫忙，漸漸地規模就不斷地擴大。

在那段期間，聚集了眾多想要追求真理的人們，這真的是讓我感到很不可思議。

如何把握並展現具體的發展願景

現今，幸福科學正同時推動著許多未完成的工作。但是回顧最初我們是從零開始，現在已經有幾個工作，已持續獲得某種程度的成功。若是持續推動下去，我還試著要開創其他相關聯的事業

只要朝著未來逐漸擴大，我認為沒有什麼是值得擔心的。

最終，必須要讓幸福科學成為「國教」才行。只要還沒達到那樣的境界，我們就還有無限的工作要做。只要持續努力，就會和那目標逐漸靠近，不達到

那般境界是不行的。

更甚至，現在在國外也有人正聆聽著我的法話。如果是這樣，我們就必須將幸福科學打造為「世界宗教」才行。

若是將成為世界宗教當做志向的話，那就不可能辦不到。

我們每年都必須擴大規模、讓組織強壯，讓想法得以實現。因此，絕對不可以畫地自限。

每個人都有著各式各樣的可能性

在本章的講演之時，剛好和日本參議院選舉的時期重疊，所以我必須以「幸福科學集團創立者兼總裁」的立場說話，所以實在是不怎麼好說，但我想有很多人沒有擔任過政治家的經驗，或許會認為政治家都是在做些很艱難的工作，感覺不是那麼簡單的事。

不過，我在前往九州的班機途中，隔壁坐的剛好是國會議員，他就穿著運動鞋，跑過來坐在位子上，完全看不出來像是做著困難工作的人。此人以前不是政治家，在十幾歲時作為歌手非常有名，我當時心想，「光是變成了知名歌手，就能成為國會議員啊！」

我絕對沒有嘲諷此人的意思，我們也持續推出自己的歌手，有人是四十歲才首次當歌手唱歌。四十歲才出道，實在是太酷了。

這個人也是電影「若是世界消失了希望」中，扮演我的男主角，我心想「我得穿得更帥一點才行」、「下次我登台講演時，也像他一樣※穿白西裝上場好了」。

※ 像他一樣　在本次講演前，於電影「若是世界消失了希望」（製作總指揮．原作　大川隆法，2019年10月18日上映）中擔任男主角的竹內久顯穿著白色服裝登台，演唱了該電影的主題曲《新復活》（作詞．作曲　大川隆法）。

改變自己未來的「宇宙之光」、「宇宙之力」

就像這樣，人生不曉得會發生什麼事。有人是到了四十歲才成為演員或歌手，也有人至今從事其他工作，現在卻變成了政治家，也有著宗教家後來變成政治家的例子。世間有著各式各樣的例子，但有著諸多人生經驗的人，必須要成為領導者才行。

因此，請各位不要太過於自我設限。每個人都有著無限的可能性，那可能性是指「當你打開心房的同時，宇宙之光即會進入心中」。

當各位試圖努力遂行身為佛子、神子的使命時，各位即會變成完全不一樣的人。屆時你即會發現，「原來自己這麼聰明」、「原來自己能這麼熱情」、「原來自己能講出如此美妙的話語」、「原來自己能被這麼多人信賴」、「原來自己對他人有這麼大的影響力」。

未來的每一天、每一刻皆會產生變化，將那變化導向好的方向，是非常重要的。

有時想做到「一百」，但最後只能做到「一」。但是，若是持續想要做到「一百」，最終就會變成「二」、「三」、「五」、「十」、「二十」，漸漸不斷地增加。

因此，請不要太小看自己。各位雖然是有限的存在，但在宇宙當中的力量非常地偉大。

在初期的講演會當中，我曾經說過「若是以眼所可見的方式形容愛爾康大靈※的存在，那是一個直徑十公里的光團」。若是十公里的光團，要進到肉體當中可是非同小可之事。我記得當時我還說「能夠進到肉體當中的，只有『火柴棒的前端』而已」。

※ 愛爾康大靈　地球靈團的最高大靈。做為地球神，打從地球創世之際，一直以來即引導著人類，並且還同時參與宇宙的創始。愛爾康大靈的本體意識，於3億3000萬年前以「阿爾法」之名、又在1億5000萬年前以「埃洛希姆」之名降臨世間，現今則是以大川隆法之姿降生於日本。參照《太陽之法》、《信仰之法》（均為幸福科學出版發行）。

但是，何止是直徑十公里。既然是要指導這個地球、宇宙，就必須要有著更大更大的力量才行。我想，我當時是用了比較謙虛的說法。

透過話語，讓日本、香港、台灣、世界走向幸福的未來

現今，我們漸漸累積了各式各樣的教義，並且持續地告訴人們這個國家的應有之姿、這個世界的應有之姿。

或許，人們一開始會以為那只是說說而已，但現在我所說的，是今後日本這個國家應該前進的方向，也是今後世界應該前進的方向。

現實當中，也逐漸往那般方向演變。

請看看現在的香港※。一百萬人、兩百萬人走上街頭遊行。在日本，只有幸福科學以及幸福實現黨對這個活動予以聲援。我們的確大大地予以聲援，並且他們也知道我們正聲援著他們，正請求著日本能給予協助。

　在那之前。我也去了台灣※。現在台灣變得很有元氣、很強勢。

　我們沒有打算要和其他國家吵架。我總是在想如何讓每個國家的人們變得更光輝閃耀，並且總是支援能讓人們變得更為幸福的一方。

　我們並非有著特定的偏見，也沒有要抑制人們自由，一定必須按照我們的想法去做。但是在考量國民的幸福、國家的未來時，我們只是建議人們「應該要如何做會比較好」。

※ 現在的香港　2019年6月，為反對將刑事案件的嫌疑人引渡至中國本土的《逃犯條例》修正案，香港爆發了大規模的示威遊行。據說6月9日的遊行人數估計約100萬人，6月16日的遊行則約有200萬人。

※ 我也去了台灣　接到了台灣前總統李登輝的書信為契機，2019年3月3日於台北君悅酒店，以「以愛跨越憎恨」為題舉行了講演並回答聽眾提問。參照《以愛跨越憎恨》（台灣幸福科學出版發行）。

3 美國川普的共和黨和幸福實現黨十分相似

在川普獲勝前，我們已看透他的力量並予以聲援

譬如，大約三年多前美國進行總統選舉時，幾乎沒有人看好川普會當選，只有我說「川普應該會成為總統」，並且站在支持川普這一方。

當時，川普身邊的幕僚，雖然讀了川普的守護靈靈言※，卻還是沒自信地說道：「雖然書上是這麼寫，但無論怎麼看應該都是會打敗仗。」不過最終結果出爐，川普獲得了勝利。

當然，當時媒體對川普進行了非常嚴厲的批判，我想現今依舊是如此，但他的實力及成績已經漸漸地被人們看見，因此我認為我沒有看錯人。

川普的經濟政策和幸福實現黨的政策相同的原因

川普的親信曾經針對川普的經濟政策，寫過一本名為《川普經濟學》（Trumponomics; by Moore, Stephen、Laffer. Arthur B.、Kudlow Larry）的書籍。這幾位親信和本會幹部有著往來，我們現在正與對方商量，能否將這本書翻譯成日文版。

幸福實現黨已經讀過該書的內容。

《川普經濟學》尚未被翻譯成日文，所以日本人幾乎沒有人看過那本書，然而那本書所寫的內容，幾乎和幸福實現黨於十年前創黨時所說的相同。

川普是在二〇一六年當選總統，但是他彷彿在模仿我們從二〇〇九年開始所講的內容。

當然，實際上他並沒有抄襲，不過因為靈感出處都來自相同

※ 川普的守護靈靈言《訪談唐納．川普的守護靈　美國復活的戰略》（幸福科學出版發行）。

的地方，所以述說的內容才會那麼雷同。

幸福實現黨所說的政策，對於日本人來說很稀奇，所以難以被大多數國民認同，但是當我去詢問給予川普靈感的「那位人士」，才發現他降下了幾乎相同的靈感給日本和美國。

幸福實現黨相當於美國共和黨，執政的自民黨則相當於美國民主黨

在日本，並沒有像是美國「共和黨」和「民主黨」的兩大政黨，相當於美國共和黨的政黨，至今沒在日本看過。

日本的自民黨，長期掌握著政權。或許有人認為這個自民黨屬於「鷹派」，但安倍首相等人算不上是「鷹派」，幾乎可以說是「鴿派」。

自民黨現在幾乎「往左轉」，越來越靠近左派。他們越來越採納左派的共產黨、社民黨的政見，所以自民黨越來越往左靠。

若是用美國的方式來說，自民黨相當於美國民主黨，而相當於共和黨的，其實就是幸福實現黨。

在日本，有時在野聯盟的議員會聯合起來，出席電視的政論節目，但在美國並不像日本擁有這種在野聯盟的東西。美國的泡沫政黨，就相當於日本的在野聯盟。

此外，美國也不存在著主張護憲的政黨，美國人沒有那麼愚蠢。每個政黨都希望憲法能夠越改越好。然而，在日本「有好幾隻天然國寶」，一直主導在野黨阻止修改憲法。

主張以「小而美的政府」創造強大的國家，重建世界秩序的幸福實現黨

在日本的國會當中，沒有相當於美國共和黨的政黨。美國的共和黨處於保守政黨，主張「建立強大的美國」，並且主張建立「小而美的政府」。美國共和黨認為，「讓經濟成長的同時，還必須重新找回強大的美國，並為世界找回秩序」。

說著和共和黨相同話語的，在日本僅有幸福實現黨而已。這是一個非常主流的想法，但如此主流的想法在日本所佔的比例，只有大約百分之零點幾而已。那是因為這和日本人的常識、媒體的常識、學校教育的常識都截然不同，必須要改變這種觀念才行。

換成是在美國，幸福實現黨的想法可以誕生出總統。這是因為，如此想法幾乎沒有錯。讀一讀《川普經濟學》就可以明白，他們的主張跟幸福實現黨幾乎相同。

在川普的法人減稅政策之後，經濟成長率有所提升

此外，幸福實現黨還主張「不應將消費稅從把百分之八提升到百分之十，

而是應該降低至百分之五」。其他政黨也反對提高消費稅，但或許他們僅是就「二〇一九年秋季，稅率將提高到百分之十」一事表達意見。

其他的在野黨所反對的，也只是此次的增稅，共產黨則是主張「從獲得高額利潤的地方，大大地徵稅，然後再分給國民」。

然而，觀看川普經濟學，也就是川普的想法，便會發現他考慮的並非是眼前之事，對於企業等法人稅，他明確地說著「無論是大企業或中小企業，一律將過去最高稅率的百分之三十五，降低到百分之十五左右」。

他的主張是「藉由調降法人稅，增加國際競爭力，振興美國經濟，促進國家發展」。

也就是說，透過降低稅率，企業將萌生幹勁，讓投資變得更加活絡，國民也因為預測到將來是光明的前景，進而開始消費，景氣也因此變好。

實際上，正是如此。在歐巴馬總統時期，美國經濟成長率大概只有百分之

4 世界標準的幸福實現黨所揭示的日本未來藍圖

透過「減稅」讓經濟成長率升高至百分之四點一，解決年金問題

因此，或許有人在擔心「幸福實現黨主張將消費稅從百分之八調降至百分之五，那不會讓財政出現赤字嗎？」然而實際上，並不會變成那樣。

透過企業減稅、重新檢視遺產稅率等等，景氣就能活絡起來，進而稅收就能增加。當經濟規模變大，除了讓稅收增加之外，年金問題等等各式各樣的問題，全都能獲得解決。

幸福實現黨的釋量子黨首曾說過：「只要日本的經濟成長率達到百分之四點一，年金問題就能獲得解決。」我不曉得她是如何計算的，但她的頭腦非常清晰，我想應該就是那樣吧！我沒有去驗證那數字，但我感覺應該就是那樣。

如何「透過減稅將成長率從百分之三增加到百分之五」

長久以來日本一直維持超低的經濟成長率，真是到了該加把勁的時候了。讓經濟能夠三十年停滯不前，這實在是人類難以辦到的事，神也辦不到。連神和人類也辦不到的事，竟然持續了三十年。花了三十年，才終於讓成長率增加一點五倍，這實在是太嚴重了。現今已經是無論採取何種經濟政策，都有成長可能的狀態。

我認為，終究還是要減稅才行。也就是說，人民不可盡是依賴大有為的政府，應該要去思考「如何才能讓企業變得更有活力，個人的經濟活動更為活絡，經濟規模更為擴大」。日本經濟已經原地踏步了三十年，只要能打開前方之路，經濟規模一定會有所擴大。希望國民能夠讓我們去督促日本政府。

首先從百分之三的成長率開始，之後再提升至百分之五，這與川普經濟學的主張幾乎一樣。

如何在二〇五〇年前，讓日本的GDP超越中國

再者，基本的大方向，是要讓日本的GDP（國內生產總值），於二〇二五年前超越中國。

日本是具備那般資格的。過去三十年，中國經濟成長了七十五倍，日本則是一點五倍，這實在是太不可思議了。到底是誰營運了這個國家，才會變成這種慘樣。其實我知道是誰，但我真想當面看看。

不過，中國的經濟統計數字是很可疑的。其中一定有灌水，我想再過不久實際情況就會被攤在陽光下。

中國過去一直發表「每年都持續有超過百分之七的經濟成長率」，但二〇一五年已低於百分之七，二〇一八年則是百分之六點六。

然而，根據某位經濟專家表示，二〇一八年的中國經濟成長率，似乎只有百分之一點六、一點七左右。

若是再用另一個計算方式，據說中國經濟已經進入了負成長。我認為這應該很接近實際情形，中國已經進入了泡沫經濟的狀態。

將日本打造成可以傳播「關於世界正義善惡」的國家

因此，日本現在該做的是「讓日本再一次回到成長軌道，變成更有活力的國家」，並且「在言論上，也要有著要引領這個世界的基礎想法、方針，抱持著具體意見，清楚地表達『做為世界正義的善與惡』」。

這非常重要。

至少，對於亞洲周邊國家，日本必須發揮強大的影響力，向世人展現「何為正確的未來」。

並且，在與美國、俄國、歐洲的關係上，日本亦必須明確地描繪自己應該展現何種姿態。

這就是「日本的共和黨」的幸福實現黨，現今所思考的事。

媒體不須報導只在乎單一議題的政黨的理由

然而，日本的想法實在過於狹隘，每次選舉時，朝野各黨總是對於單一議題爭論不休。

在日本參議院議員選舉公告日當天（二〇一九年七月四日），我看了ＮＨＫ的新聞節目，播放的是各政黨黨首於選戰開跑時，於街頭發表了何種政見。ＮＨＫ真的是「自虐史觀」的信奉者，竟然播放了兩次「保護國民不受ＮＨＫ危害之黨」的街頭演說，真的是太自虐了。

為什麼要播放那新聞呢？我想是ＮＨＫ想要表現自己是公正的立場，但幾乎沒有人會認同那想法，所以根本沒有報導的必要。

在電視台當中，只有ＮＨＫ會一直播放「哪裡又哪裡下了大雨，出現了洪水，造成人員死傷」的這種拿不到多高收視率的新聞。既然ＮＨＫ做的是跟收視率沒有關係，無關盈利的公共事業，所以對自己要更有自信一點才行。

像那種只針對單一議題拼命做文章的政黨，完全沒有必要去捧他們。如果真的要那麼做的話，還有更好的「日本的共和黨」可以反覆報導這個政黨的新聞。

開始轉變的ＮＨＫ的報導內容

特別是關於ＮＨＫ，有人認為他們的報導太偏向中國，但最近開始出現了變化。

譬如，ＮＨＫ的海外台，也報導著香港百萬人遊行的新聞，但中國國內將這個報導片段整段拉黑，不讓國內人民觀看。「因為北京的壓力，所以中國人無法看到ＮＨＫ海外台的內容」，這意味著ＮＨＫ也會報導反中的新聞。

也就是說，現在的ＮＨＫ已經和過去不同，出現了很大的變化。因此，ＮＨＫ應該更有自信一點才行。

朝日、東京、中日新聞「大幅變動」的內容

此外，幸福實現黨當中以成為政治家為目標的人們，或許對於朝日新聞、東京新聞、中日新聞（與東京新聞為同一經營體系）的報導有點感冒，但他們確實已出現很大的變化。

二〇一九年四月，朝日新聞進到了維吾爾進行採訪。一個月之後，該報就刊載了採訪內容。我原本以為，他們的報導應該受到了中國很大的制約，但他們報導了維吾爾的新聞，所以我現在認為這是一間能夠完成如此報導的報社。

一九九〇年代公平對待幸福科學的朝日新聞

回顧過去，一九九一年幸福科學在講談社 Friday 週刊進行對抗時，唯一支持我們的報社，就只有朝日新聞。雖然不知理由為何，但當時朝日新聞一直揭發講談社的醜聞，真的是讓我很吃驚。

此外，一樣在一九九一年，我出版了《阿拉的大警告》這本書，書中寫的是支持伊斯蘭教圈的內容，當時朝日新聞即刊載了聲援本會的報導。當時我覺得「這真是奇怪的報社啊！」但我們自己也很「奇怪」，所以算彼此彼此。

甚至是到了一九九五年，還發生了以下的事情。

一九九五年三月，我們和奧姆真理教開始對戰，幸福科學出版了《奧姆真理教撲滅作戰》的特刊，並聲勢浩大地刊載了廣告，其他的報社皆驚恐地說著「你們還真是大膽地宣傳啊！」但唯有朝日新聞社和我們一樣刊載追究奧姆真理教的報導。

其他的報社則一直在觀察，到底會是警察勝利或奧姆真理教勝利，「若是警察輸的話，就不要報導，若感覺警察會贏的話，那就報導」，一直採取觀望的態度。

唯有朝日新聞堂堂正正地進行批判的報導，當時我們對朝日新聞說「你們真有勇氣啊！」對方也對我們說「你們幸福科學才有勇氣啊！」不過，在那之後發生了地下鐵沙林毒氣事件，我們彼此才驚覺「原來我們是和如此恐怖的團體對抗啊！」

超越日本基準的幸福實現黨容易被視為極端

我自己的立場並沒有什麼特別的傾向，有著多樣化的報導也不錯，言論的自由也應該被認同。

日本的公共電視台，或者是引領日本的幾間具指標性意義的報社，有時會被認為立場偏頗。但是與其他獨裁國家相比，他們闡述的是自己的意見，並未完全地聽命於國家，所以我認為還是必須要存在能夠去批判政府的媒體。

我們的幸福實現黨，容易被分類為保守派。

有一份報紙調查了各政黨的政見，並彙集成一張圖表。在那張圖表當中，「幸福」兩字經常出現在最左邊或最右邊，似乎人們認為幸福實現黨的政策十分極端。從日本的基準來看，似乎那些是很極端的政策，但我想說「在說什麼啊！這可是世界的中道啊！」

「每一個人要對自己的人生抱持自信，遂行工作，保護家庭」，對於一個能有如此健全想法的人來說，在看待國家時，理所應當就會出現「自己的國家自己守護」的想法，我們只是說著理所應當的道理而已。

5 日本應就哪些問題對美國提出意見

川普認為「日美安保條例不公平」的想法是正確的

二〇一九年六月，G20 在大阪舉行，川普在來日本以前及到日本之後，都對媒體表示「或許在下次的換約時，會重新檢視日美安保條例的內容」。因為這個條例，美國的青年們必須為了保護日本，流血而戰，然而他卻說：「即便美國會為可能發生的第三次世界大戰而戰，但日本人就只是看著新力牌電視就好。這實在是太不公平了。」

對此，日本各報紛紛說著：「沒有那回事，日本也提供了基地用地，也撥了預算，美國亦可將日本做為基地，往各個地方出擊，所以對美國也有好處。所以，那並非僅是對日本有利的契約。」不過川普的直率想法，我認為是正當的。

從日美同盟來看，不管是沖繩，還是尖閣諸島，或其他島嶼，若是日本被攻擊了，美國就有出兵保護的義務。但若是美國遭到某國攻擊了，日本卻能維持一副事不關己的態度。這也難怪美國會感到不滿。

川普接下來想說什麼

在川普那些話語的背後，可以聽出美國的心聲。也就是說，美國希望「日本快一點修改憲法」、「你們還有沒有智慧啊？修憲不是理所當然的嗎？美國總統都已經這麼說了，你們怎麼還不行動啊？就算你們說『那是麥克阿瑟決定的憲法』，但他都已經死了那麼久了」。

美國其實是想要告訴日本，「現在的美國總統都那麼說了，你們就趕快修憲！自己的國家得自己保護，快點減輕美國的負擔」。這些簡直就是為幸福實

現黨聲援的話語

麥克阿瑟不是神。就算他是神，我也能夠把他拽入地獄當中，根本沒有必要那麼尊敬他。

雖然有人會感覺到我們所說出的政治意見，似乎非常地極端，但那其實是因為戰後七十年以上，人們一直被錯誤的想法、教育、報導給洗腦，才會出現那般看法。因此，若是以純白之心去看世界的話，就能夠明白我們要表達的是什麼。

幸福實現黨對美國中東政策的「雙重標準」提出異議

然而，這不是說美國所說的都正確。

我在最近所出版的書籍※當中，提到了伊朗的問題。我在書中對美國說「切勿對伊朗發動攻擊」，美國終究必須重新檢視

※ 最近所出版的書籍參照《日本的使命》、《領袖國家　日本應前進的方向》（均為幸福科學出版發行）。

自己的雙重標準才行。

所謂的雙重標準，即是國際社會嚴肅看待伊斯蘭教國家的核子武裝，一直在追究那些國家還保留著多少濃縮鈾，但是對於以色列的核子武裝，根本就避而不提。這不得不說有著雙重標準，從我中立的立場來看，那實在是太奇怪了。

應該如何評價以色列的「建國」及「之後的一連串動作」

我認為以色列這個國家的確可以存在。猶太人在第二次世界大戰中，被納粹那般蹂躪，在收容所中被殺了六百萬人，那些人應該要有可以回去的國家。

猶太人們在十九世紀末期，開始陸陸續續地回到祖國，第二次世界大戰結束後，大概有七十萬人回到了祖國。並且，在歐美也承認如此殖民移民之下，在一九八四年建立了「以色列」這個國家。建立國家是一件好事，我認為那無所謂。

然而，之後發生了四次中東戰爭，以色列的軍事力將漸漸變得強大。從客觀來看，我感覺那不是很公平。

這是因為，那明明不是猶太人自己的國家，卻要求巴勒斯坦把土地分出來，讓他們得以建立國家。後面才來到之人，不是應該要客氣一點嗎？

後來才搬到大樓裡面的人，應該先跟其他鄰居打個招呼才行。在別人的地方，建立了自己的國家，不是應該跟人家說聲謝謝，努力搞好跟附近鄰居的關係嗎？

但以色列不僅沒有那麼做，還在不知不覺間擁有好幾百發核彈。我認為那也做得太過頭了。

應如何評價「美國對以色列的偏袒」

並且，美國和以色列皆異口同聲地說著，「伊朗擁有很多濃縮鈾，所以我們必須要先發制人才行，以免他們開發核武」。但是，我認為美國太過於偏袒以色列了。

若是再往下說，現今以色列實質支配的「戈蘭高地」，是第三次中東戰爭中佔領的，是從巴勒斯坦（敘利亞）那裡奪來的。就巴勒斯坦來說，自己的土地被強奪而去，然而以色列的納坦雅胡首相，卻將戈蘭高地，改名為「川普高地」，以表示對川普的感謝。

說聰明，他或許還真聰明。就美國來說，若是改名為「川普高地」，如果該地被攻擊了，美國就會感覺是自己被攻擊了，或許就必須要出動第五艦隊才行。

在這層意義上，我認為納坦雅胡首相想得還真周到。但是，對此我希望川普能拒絕那個提議。若是不改為「川普高地」，而是改為「納坦雅胡高地」的話，週遭的阿拉伯國家就會加以攻擊，我想「應該要那麼做才對」。我感覺川普有一點「被趕鴨子上架」。

6 日本應該傳播嶄新思想、世界的未來遠景

解讀美國「雙重標準」根源所在的宗教思想

綜合以上所述，終究美國有著雙重標準。

如同美國國家安全顧問波頓所言，美國有著將伊斯蘭教國家視為惡魔的國家的一面。或許美國認為，伊斯蘭教在本質上就是「惡魔的教義」。另一方面，伊斯蘭教也認為美國才是「惡魔」。

正是因為雙方面彼此不信任，所以美國強硬派的人主張，該是到了該攤牌的時候。

但是要解決如此問題，在政治上有其極限，軍事上也有其極限。我認為現在已經到了必須要靠宗教予以仲裁的時期，這比我預想的還來得快。

基督教與伊斯蘭教紛爭根源的「神」的真正之姿

在建立基督教時，耶穌有著「天父」對自己進行指導。在《新約聖經》中清楚地寫著，「耶穌為了治病時、對好幾千人傳道說法時、興起各種各樣的奇蹟時，都有著對自己進行指導的『天父』」。

這位「天父」和六百年後出現的穆罕默德所呼喊的「阿拉」，究竟是何種關係呢？

附帶一提，「阿拉」一詞在當地的話語當中，僅有「神」的意思。「這個『阿拉』和『天父』是否為同一存在」，其實是一個極為重要的問題。

現今，沒有任何一處能對此做出說法，所以我必須要和各位說。

耶穌所呼喊的「天父」的存在，穆罕默德所呼喊的「阿拉」的存在，其實是同一人物。

因此，耶穌教和伊斯蘭教的根源都相同，所信仰的皆是同一個神明。

我希望相信同一個神明的宗教，彼此不要再爭戰下去了。

仲裁中東爭端的「日本的使命」

對此，雖然還需要進行更多的宗教說明，但我現在認為「那種爭戰是沒有意義的，該是停手了。對此能夠進行仲裁的，唯有東洋的日本」。

此外，以色列也是一個有著歷史的國家，並且亦是一個擁有著《舊約聖經》中重要的教義、有著傳統的國家，如此國家的存在是一件好事。

然而，就我現在來看，以色列有著變成侵略國家的傾向，對此必須要有所克制，行為上要有所節制才行。

在過去一千九百年間，沒有以色列這個國家。因此，漠視人們一千九百年間都沒有國家的神，難以說是全智全能之神。

猶太教的神的實態

當然，或許以色列本來就存在著神明，但是後來跑到了其他地方，現在已不在以色列當中，剩下的僅是以色列的民族神。

因此，我希望他們不要再將以色列那般神明的想法，試圖廣布於全世界了。保護自己的國家是無所謂，但請僅此就好。

即便如此，若是以色列想要發動核武攻擊，試圖支配整個伊斯蘭教圈的話，對此我是反對的。

所以，我並沒有主張要完全呼應川普的意見，終究我是基於「哪一種想法才正確」的立場，進而表述著自己的意見。

對於廣布「克服世界紛爭的思想」的人生要抱持著自信

我的思想，能在每一個人的心中，

打造出神佛所賜予的靈魂的王國，
且能讓家庭、社會發光閃耀，
讓國家變得豐盈。
甚至，當這個思想廣布至海外時，
「樹立世界的正義，建立世界的秩序，
為了創造和諧而貢獻」的工作，
正等待著我們去遂行。
我們對於人生必須要抱持著自信。
各位必須要對人生更加抱持自信。
現今，只有幸福科學，
傳布著這地球「終極之神」的教義。

請將這個教義廣布於日本全國、全世界。
拜託各位了。
這將成為拯救這個世界的力量。
伊斯蘭教和基督教無法徹底拯救之事，
幸福科學的教義能超越那些差異，予以拯救。

希望各位能更為堅強。
希望各位能更有力量。
希望各位能更為成功。
希望各位能更大聲疾呼。
並且希望各位能超越國境，將這股力量擴展到全世界。
對此我打從心底盼望。

改變明日的話語④ 來自地球神愛爾康大靈的話語

現在我要對你們說。
基督教所說的「主」。
猶太教所說的「埃洛希姆」※。
伊斯蘭教所說的「阿拉」。
中國孔子所說的「天帝」。
日本神道所說的中心神「天御中主神」之上，
其模樣不為人知的「天御祖神」※。
這全部指的是同一個存在，同一個神。

各個宗教或許會因民族、文化的不同，進而出現不同的想法。

但根源都只有一個，
每個人皆是為了磨練靈魂，
於地上進行修行的夥伴，
這一點沒有任何不同。

此外，為了超越民族之間的隔閡，
我創造了轉生輪迴的機制。
即使現在是日本人，但前世不是日本人，
有可能是歐洲人、中國人或韓國人。
也有可能出現相反的情形。
經歷如此靈魂體驗，
或者是經歷不同性別，

※ 埃洛希姆　地球系靈團至高神愛爾康大靈的本體意識之一。約一億五千萬年前，當地球開始出現地獄界雛形的低級靈界時，轉生在現今靠近中東的地區。以教導人們「光明和黑暗的差異」、「善惡差異」為中心，傳授了智慧的教義。參照《信仰之法》（幸福科學出版發行）。

※ 天御祖神　被認為是比《古事記》、《日本書紀》，更加古老的文獻《秀真政傳紀》當中曾出現，相當於「祖」之神。幸福科學認為，祂與耶穌稱之為「天父』的主，是同一靈性存在。參照《天御祖神的降臨》（幸福科學出版發行）。

人即能擴大理解他人的器量。
現今我為了講述所有最後、最終之法，
降生到日本這個國家
我將闡明我所知道的所有事情。

我要告訴你們！
你們要認識到真正的神的話語，
人類應該跨越差異，
互相融洽、和諧、進化、發展下去！
這就是地球神愛爾康大靈的話語，
絕對不要再忘記！
要把這話語刻劃在你們的心中！

人類是一體的。

要相信超越地上紛爭的神的存在，

在神之名下，

創造高舉自由和民主主義的世界，

你們要做出這樣的選擇。

北韓需要的是「信仰」！

中國需要的也是「信仰」！

印度需要的是，相信在眾神之上尚有至高神的存在！

伊斯蘭教國需要的是，知道阿拉是誰！

我超越人類的差異，

關愛並接受著全人類！

第五章

救世主的心願

——如何覺醒於人生是為了世人而存在？

1 掌握靈性自覺而活的困難

這個世間是一個大部分的「真實」都被隱藏起來的世界

本章的主題有點艱澀，但我認為有必要再次向人們闡述我的想法。

首先，必須要請各位重新思考「救世主，到底是什麼」，並且要再一次想想「這個世間的性質」。

救世主，或是在救世主以下的天使軍等等，那般高次元靈人要宿於肉體，降生於世間當中是一件即為困難的事。

那是因為，這個世間是一個大部分的真實都被隱藏起來的世界。因此，大部分的人們都不知道真相。

譬如，人雖然認為「自己能認識自己」，然而到底有多少人自覺「自己的肉體當中宿有著靈魂，而這靈魂也就是支配肉體的存在」，我想應該是少之又少。

歷史上的聖人和弟子之間有著巨大差別

當然，在信奉宗教的人們當中，我覺得一定有人能夠理解。

然而，實際上自己現今持有著肉體活於世間，又能夠發覺到「宿於這個肉體當中的靈魂才是自己。這個靈魂為了能在世間累積經驗、從事工作，現今正使用這個肉體而活著」的人，我想應該是非常地稀少。

・蘇格拉底

如果問「過去真的有人能理解到這般程度嗎？」古代的蘇格拉底※就是那樣的人。

正因如此，當時他毫不畏懼地喝下了毒芹汁。

因為他當時的思考重點在於，「不滅的靈魂能為後世成就些什麼」。

抱持那般想法的人偶爾會出現，但畢竟不多。

·耶穌基督

關於耶穌基督，《福音書》當中的意見也有分歧，假如真的如那本《福音書》所說，耶穌在被釘上十字架後，真的曾不解地問「神啊※、神啊，為什麼離棄我」的話，那麼很遺憾，那位耶穌是「屬於地上的耶穌」、「屬於肉身的耶穌」、「是一位以在世間的存在為自我生命中心的耶穌」。

但是，幸福科學已查明「事實並非如此」。

耶穌在十字架上，已經明白自己的死期將至，他說的是「以利亞、以利亞、拉斐爾、拉斐爾，快來迎接我」。

但如今流傳的卻是他在質問「神啊、神啊，為什麼離棄我？」有些人居然就這麼相信了，這實在是太遺憾了。「假如是我的話，應該會這樣想吧！」我想福音書上寫的是人們自己的想法吧！

如果他真的那麼說，那就表示耶穌沒有做為救世主的充分自覺。而那樣版本的《聖經》直到現在依然流傳，那麼也就意味著「維護那部聖經的教會，其信仰不過僅是那般程度」。

耶穌本身在進入耶路撒冷城時就已經明白，「自己已到了應該離世的時候」，於是他主動背著十字架前進。他也是為了成就距離當時一千年前《舊約聖

※ 蘇格拉底 （前470年左右～前399年）古代希臘哲學家，也被稱為哲學之祖。接受德爾菲的神諭，相繼駁倒了多位古希臘智者。他宣揚知德合一，透過「問答法」教導人們知的本質，但卻被認為會危害青年，進而遭判死刑。

※ 神啊 《馬太福音》記述，十字架上的耶穌曾大喊「神啊、神啊，為什麼離棄我？」《馬可福音書》當中也有同樣的記載。

經》當中的預言（以賽亞書、撒迦利亞書等等）。

那個預言寫著「救世主誕生，在一片『和散那（求主拯救）、和散那』的人群呼聲中，他騎著驢子進入耶路撒冷城，之後被釘上十字架，人子自此重回上天」。

為了成就這個預言，耶穌採取了如同預言當中的行動。並且，他也相信那預言。現實當中天上界亦傳遞給他那般訊息，進而他選擇走上那條路。

然而，眾多執著於世俗之事的弟子們，卻在考慮逃跑。他們勸耶穌「如果要被釘上十字架的話，您還是逃跑吧！」此外，被稱為「耶穌的同夥」，卻三次聲稱「與我無關」進而背叛耶穌的人（彼得），成為了第一代教宗。

師與弟子之間，就是有著如此巨大的差異。這些有著巨大差距的弟子們，就算是寫出了《福音書》，其中充滿了眾多錯誤和難以理解的地方，也就不足為奇了。

‧佛教淨土真宗的始祖‧親鸞

再比方說，淨土真宗的始祖親鸞※曾說過「惡人也能獲得拯救」之類的話語，但是大多數的弟子卻對這句話有所誤解。

事實上，「正因是惡人才能獲得拯救」這句話並不是親鸞原創，而是親鸞的師父法然※所說的。

親鸞本身在世間違反了幾條戒律，做為僧侶，他沒有遂行很好的修行，所以才深深自覺「自己是罪人」，並以「惡人」自稱。

但是，最先提倡這句話的法然是一位清僧，他是一位沒有破戒律之人，並且勤勉於學習佛法、遵守戒律，在眾人的敬仰下一直活到七十多歲。

※ 親鸞（1173～1262年） 淨土真宗的始祖。他倡導展現對阿彌陀佛皈依才是真正的教義。他娶了妻子，並且有了善鸞等幾個孩子。其弟子唯圓所記述親鸞教諭的《歎異抄》中，「善人尚且得已往生，何況善人」（惡人正機說）為其名言。

※ 法然（1133～1212年） 日本淨土宗的始祖，他提倡透過念佛以便得到他力的拯救。主要著作有《選擇本願念佛集》。

是此人先說「正因是惡人才能獲得拯救」這句話，但親鸞的弟子唯圓聽到親鸞曾說過這句話，便記錄為是親鸞首次那麼說。

我認為，這句話會因聽聞者的不同，而產生「相當大的誤解」。

對於知悉佛，或者是阿彌陀佛真正的「偉大救濟力」，能夠與佛光合為一體之人來說，這個世間是一個充滿拯救的世界。可是對於那些不相信阿彌陀佛的拯救力的人們來說，這個世間只是一個黑暗的世界。

然而，親鸞曾經說過「阿彌陀佛之光，普照世間。要望向那光明，祈求得到拯救。屆時，你將和阿彌陀佛成為一體」。

能理解如此道理之人，實在是少之又少。雖然那般說法能夠讓人理解到「信仰即拯救」，但對此能夠理解之人其實非常地少，隨著時代的演變，漸漸地人們便誤認為「只要做惡，即能獲得拯救」。

親鸞雖然是僧侶，卻破了戒律，過著「半聖半俗」的生活。因此，當時他非常後悔，並反省「若是能透過其他佛教修行進而得救的話，或許自己就能做出那般選擇。但自己終究已是一個無法被拯救之人，我只能依靠這南無阿彌陀佛的教義，就算是被法然騙了，我也要予以跟隨。即便未來會墮入地獄，我也已經做好了覺悟」。

他想要表達的，其實就是這個「深厚信仰心」的重要。

・與扭曲教義的長子斷絕關係的親鸞

並且，在那交通、通訊不便的時代當中，親鸞為了將勢力延長至近畿地區以東的地方，他派出了長子善鸞，向該處進行傳道。

但是，善鸞並非向人們講述教義的本質，反而是藉由說著「越是做惡，就能更快得到拯救」之教義，匯集信徒。

晚年的親鸞聽聞此事，便與長子斷絕了親子關係。這個說著「正因為是惡人才能獲得拯救」的親鸞，竟與長子斷絕了父子關係。

這是為什麼呢？因為那與原本的教義背道而馳。

當然，這個教義的中心思想，若是用現代的說法，意思就是「急診病患被救護車送往醫院時，如果同時有數名病患被運送進來，醫生們當然會確認哪一個患者的情勢比較危急，必須先予以治療。那些不是那麼緊急的人，就會被排在重症患者的後面。佛應該也是抱持著這樣的想法吧」。

但是，如果過於極端地解釋這個教義，就會變成「越是犯罪的人，就越能獲得拯救」，如此一來，教義就會演變成「比起殺死一人，殺死三人、十人的人才能更快獲得拯救」。

很明顯地，如此理論是有破綻的。

到底這兩者的說法有何不同呢？若是用親鸞的話語來形容的話，那就是「不可因為這裡有很好的解毒藥，便去講述『人們可以去喝下毒藥』的教義」。不能因為有很好的解藥，所以就叫人們可以盡情地去喝毒藥，何況眼前的人若是小孩，更是不可以這麼教導。

但是人們就是常常無法理解這兩者之間的「微妙差異」。

這也就是為什麼世間當中的拯救，經常會面臨嚴酷的局面。

2 體現出「神佛慈悲」的人生態度

即使是救世主，也必須維持謙虛

在信仰的世界中，若是不從這個地上界朝向遙遠的靈天上界，進而巨大的飛躍，實際上就無法和被稱為神佛的存在合為一體。但就如先前的幾個例子，人們容易將神佛拉低至世間的次元，並且將其視為如世間之人一般的存在。

即便是拯救，最終亦是以「拯救世間靈魂」為中心。

在不同的時代當中，人類會遭逢各式各樣的試煉。

有時戰爭會興起，在被稱之為救世主的人物當中，有時是民族神的存在，有時也會出現拯救該民族的救世主，在戰爭當中，或許也會出現各個民族神之間的戰鬥。

然而，終究必須要超越世間的生死，探究「到底何為正確」，了解到救世主的本心、本願，是想要將「實在界當中的『正確之事』，於世間樹立」。對此，人們切勿忘記。

為了在世間成為救世主，必須要有相當大的「自覺」、「力量」、「勇氣」、「行動力」，以及「教導的話語」。

但是，那些其實很類似於對世間有著影響力的權力，所以要去明辨「以何來判斷此人是救世主，或者是以何來判斷此人僅是有著想要支配世間的惡魔力量」，就變得非常地困難。有很多時候，若非經過時間的檢視，就無法分辨清楚那是救世主還是惡魔。

為此，身為救世主之人，就必須要謙虛地回顧反省己心。

主要是要反省什麼呢？那就是「即便自己是巨大的光明天使，或者是大指導靈，但只要是宿於肉體當中，就無法完全徹底知道實在世界之事，僅能夠向世人傳達一部分或片斷性的內容」。

此外，救世主還必須知道自己受到了時代的制約。在那個時代當中，自己也會受到人們各式各樣人生態度的影響。

在這層意義上，即便是救世主，在世間當中也必須維持謙虛。既然自己的靈魂是寄宿於這肉體當中，就仍舊必須自覺於自己是光之子，努力累積修行，精進於開拓前方之道才行。

不讓「為了成功所付出的努力」，最後變成「自私利己」之物

世間之人最初會遇到的問題是，「為了在世間成為優秀之人進而付出努力，在經過青春期之後，不知不覺間，那般努力容易變成自私利己之物」。

只要是身為人擁有著個性，不管是誰在某種程度上都會想要成就自己。自己從父母那裡得到了肉體、才能，轉生在某個特定的國家、地區，從事

著某個特定的職業，每個人都是侷限在各種條件之下，各自成長茁壯。但是在那些條件當中，為了讓自身得以覺醒，終究必須要有所「修行」。

但是這般「為了覺醒的修行」，有時會被看作是為了實現自我而為。因此必須釐清，那般修行並非是以「為了讓自己在世間過得順心舒服」為目標。

所謂的覺醒，即是自覺於「自己應該要成為照亮世間的存在，自己即是照世之光，自己有著要拯救蠢動於暗夜當中人們的使命」。並且與此同時，「自己必須磨練自身能力，讓自己的力量能夠遂行更多的工作」。

因此，即便此人因為出身、血脈，或者是被賦予的地位，而站在引導他人的立場上，但若是此人無德，被他人忌諱嫌棄，無法成為被他人愛慕的存在的話，就難以說此人是真正的救世主。

當然，在「愛」當中亦存在著所謂的「奪愛」，因此很容易被人們誤解。但「神佛之愛」最終將與「慈悲」相連結在一起，是一種站在不同立場上的

「毫無保留施予出去的愛」。

救世主必須要能體現如此慈悲才行，並且在體現如此慈悲之姿時，必須要以人的各式各樣的「德」表現出來。對此不可不知。

為了引導世界八十億人所應做的努力

此外，「世上活著眾多的人們」，這代表著世間有著各式各樣的人生，有著各式各樣的想法。為了能夠拯救那麼多的人們，就必須具備足以去「理解」那麼多人們的力量。

因此，救世主幾千年前的前世成績，不通用於今世當中。現今地球上的人類，已經接近八十億人，這是一個過去未曾出現過的大規模人數。既然要引導這些人們，當然在現代當中，必須要學習各式各樣的事物。

被稱為「救世主」、「如來」※、「大天使」，或者是「天使」的人們，有時會在各式各樣的領域當中，以天才之姿出現。

並且，人們常常如此定義天才，那就是「不用學習就會了」、「天生就會了」、「比他人還快就會了」、「才能不一會兒就開花結果了」。從結果來看，的確有時看起來是那樣沒錯。

然而，既然在這擁有如此眾多人口的世界當中，抱持著「給予人們重大影響，引導人們應往何種方向前進」的使命的話，就必須極力在世間不斷累積努力才行。必須要了解世間現在發生了何種問題，並且持續努力探尋予以解決的方法才行。

在現代當中，光憑靈性感應是救不了人的。

為了提出足以解決世間諸多問題的處方箋，救世主自己

※ 如來　靈天上界為多次元構造，地球靈團存在著九次元宇宙界、八次元如來界、七次元菩薩界、六次元光明界、五次元善人界、四次元幽界、三次元地上界。在八次元中，存在著做為人類導師，成為宗教始祖、思想哲學根源的人物。

也必須要努力、學習，此外也必須要能夠讀懂眾人的心思。

並且，那並非僅是單純的演戲或作秀，而是必須要能夠滲透人心才行。

3 世間當中忘卻了「本質」的陳舊宗教

世間當中，有時會流行著忘記了靈性本質的事物

比方說，在被稱之為藝術家的人們當中，有時會出現能對眾人產生影響的人物。

當然，如果此人向人們傳遞了真實的愛，緩解人們的煩惱，並且向他們指明邁向幸福的方向的話，那就完全沒有問題。

但是，現今在世間當中所流行的事物，經常不是如此。甚至還會出現引領那般風潮的人物，變得很有人氣，在世間被賦予了地位。

世間的潮流有時就是如此，但此時人們不可忘記「本質到底為何」。

先前我雖然說到了「世間之人很容易忘記自己的靈魂是寄宿於肉體當

中」，但並不只是這樣而已。

「本來，人在靈界當中就有著靈魂，自己是做為嬰兒生於世間、成長」，有人甚至連這般事實都不知道，也不知道「人死後將何去何從」。

已看不清「何謂覺悟」的傳統佛教

主流的基督教也否定轉生輪迴。

在佛教當中，也有很多人誤解轉生輪迴的教義，並且是以近似唯物論的解釋看待那教義。甚至在佛教的大學當中，還有人會教導人們「人死後就變回灰燼，什麼都結束了」。

對於那些人來說，只要變成了灰燼，不管是撒進海裡，還是撒在樹下都是一樣，宗教的法事等等，就等於完全沒有任何意義。

學習了佛教，最後卻變成那般結論，實在是令人感到悲哀。

並且，還有人相信「兩千五百年前，正是因為釋尊修行之後開悟，之後靈魂就像消失了一樣，回到天上界的涅槃，不會再回到世間，對世間也沒有任何之緣」。對於這些人來說，所謂的覺悟應該就是極為獨善己身的想法，和拯救他人沒有任何關係。

但是，既然是回到原本所處高級靈界的靈魂，若是不曾以真心透過某種形式，持續拯救迷惘眾生的話，那就太奇怪了。

觀察現今的傳統宗教，隨著時代的演變，有太多人們自己所創造的教義，受到了自己頭腦想法的影響。

皇室變得不明白「天皇存在的本來意義」

此外，雖然人們對於明治時期以後的天皇陛下，有著現人神信仰，但日本自古以來就有這種想法，在海外其他國家當中，也有著「世間的國王皆具有著神明的身份」的想法。

的確，在那般人們當中，有時會寄宿著偉大的靈魂。但我認為，即便如此，此人亦必須要維持謙虛的態度，有強烈的自制心，並且對於人們要滿懷著慈愛才行。

日本現今已進入了「令和」的時代。對此，眾多人們有著各種議論，或許對於日本皇室的存續，也有人抱持著單純的祝福。

然而，我認為現今的時代，已走到非常危險的境界。

關於「到底何謂天皇的存在」，我認為天皇自己本身也變得不明所以。擁戴著天皇的政治家、國會、國民，也不是很清楚天皇是何種存在。

終究人們僅將天皇視為絕對君主的投影，是一個沒有實權的夢幻般存在，是一種象徵的存在，所有政治實權，只掌握在被選舉出來的人們手裡。

在這層意義上，現在天皇的地盤變得極其脆弱、危險。

因此，若是今後的皇室失去了德，民心就會分崩離散，即有可能出現新的獨裁者。

如果皇室沒有自覺到，自己是承襲著日本古來神明的系譜，並且是得以進行祭祀神明的存在，又或者是沒有自覺到，自己必須打從心底盼望國家安寧的話，不僅自己不知自己為何存在，也無法讓人們理解為何皇室必須存在。

我感覺到現今日本的潮流，與戰後相同，是朝著「人類天皇」的方向演變。皇室當中也出現了「希望能和一般庶民一樣享受自由與樂趣」的人們。

如果這是出自宿於肉體當中的靈魂劣化所致，那麼未來將面臨十分嚴酷的局面。

我希望皇室能遂行更高一段的靈性使命，努力增強自身的德力，並且讓皇室置身於，那因利弊得失進而離合集散的政治之上。然而，若是皇室持續被週刊當做爆料題材的話，皇室的未來存續將難以獲得保證。

不管憲法當中對皇室有何規定，終究皇室的憂民之心，必須要與神佛同通相連才行。

這是我必須要提醒皇室的話語。

4 現今世界所謀求新的宗教之姿

僅限今世的「自我實現的欲望」，容易成為引來惡魔之餌

在這種情況之下，名為幸福科學的宗教目前正慢慢地於日本抬頭，但幸福科學的使命，並非是保護日本使其繁榮昌盛。

幸福科學雖發祥於日本，但推動的工作是「為了避免分裂於世界的民族、宗教，成為爆發爭端的根源，進而教導人們做為源頭的神心」，我所講述的是足以覆蓋整個地球的教義。

可以預見的是，今後將有眾多困難接踵而來，我不知道我們能堅持到何種程度。

然而，我希望人們知道「這個世間是一個玉石混淆的世界」，並且「在世

間抱持著欲望的人們，總是會接到來自於地獄惡魔帝國所寄來的招待信」。

那實現自我的欲望，若是起因於想要達成神聖的目的，那還另當別論。但如果僅是今世為了獲得自身利益，滿足自我實現的欲望的話，那般欲望就會成為引來惡魔之餌。

即使是優秀的人們，其中也有很多人拿到了「惡靈寄來的招待信」。就算是真實的宗教想要讓他們覺醒，在覺醒的過程當中，有很多人還是被「惡魔的招待信」給吸引。因為，收下那「惡魔的招待信」，很多時候能夠在世間當中享受榮華富貴、名利。

於同一時代中，將「光明與黑暗」、「善與惡」區分開來的救世主的力量

手握權力，還能夠對自己的權力有所自制，是一件困難的事。而擁有超自

然能力，又能夠理性、合理地運用那能力，也是非常困難之事。

又或者是，有著各式各樣政治的力量、資金力量，努力將其用於良善的方向，亦是一件難事。

就拿公司的例子來說，站在上位之人，知道自己對於公司當中的眾多人們有著影響，是一件非常困難的事。

就像這樣，一方面明白立於他人之上的難處，另一方面「這個世界是暫時的世界，自己在這世界當中為了日後回到實相世界，持續進行著修行」的這個道理，不管是救世主或成為惡魔手下之人，都是無法逃避的現實。

在那過程當中，會出現光明與黑暗的戰鬥。

於同一時代中，將「光明與黑暗」、「善與惡」區分開來的，即是「救世主的力量」，同時也是「救世主的心願」。

向人們指明「何為你們應該前進的方向」，引導人們人生當中不興惡念，捨惡取善，開拓前往來世之路，這就是「救世主的工作」。

此外，在政治層面，構築避免在世間創造出地獄的防波堤，亦十分重要。

總之，基於世間的權力、與他人之間的競爭心，所興起的「想要獲勝」的心情，或是名譽欲望、其他各種的欲望，都會成為讓優秀之人墮落的原因。

因此，不管今後自己的立場如何變化，在那過程中，要好好保護自己該保護好的，並且為了成就真正的奉獻，認識到「所有一切都是為神而存在」。

就算是救世主，在世間當中僅是「神的左右手」而已。救世主是為了成就神的目的，做為神的左右手而轉生於世間，但回到了來世之後，就必定會覺醒於本來的意識。

「人工智慧無法戰勝神之睿智」的事實

即然我們身處在有著眾多問題，全世界必須要養活眾多人口的艱難時代，為了防止在世間被創造地獄領域，就必須要非常地努力。與此同時，要向這麼多的人們，傳達「天國與地獄」、「神所期待的世界」，現今也是一個極其困難的時代。

即便僅相信唯物論，也不會妨礙機械文明的進化，或許還反倒有利。如果人只有這輩子可活的話，讓人們在世間過得更為舒服、更為便利也無妨。

今後應該會出現眾多即使殺了人，也不會感到有罪惡意識的人們，關於善惡的問題，也與先前所述的想法相異，今後或許會出現人工智慧決定一切的時代。換句話說，就是人工智慧決定善惡，若是電腦說「去殺人」，人們就會去殺人的時代。

然而，不管是什麼樣的時代到來，即便出現比人還能快速計算、還能輸入更多知識、資訊的機械，人工智慧還是絕對無法戰勝神的睿智。

因此，希望各位知道「神的話語就是一切」。

5 「終其一生為了世間而過」——在救世主的號令之下

我們生於如此困難重重的時代。

有著眾多論點，必須要加以講述。

每個人都有許多必須從事的工作。我想今後會不斷地出現，在遂行那些專業工作時，迷惘於權力欲、名譽欲，只為保護自身利益的人們。

但願各位能純化己心、淨化己心，經常回到原點，自覺於「自己被賦予的百年生涯，是徹底為世間、世人貢獻」，這非常地重要。

並且，為了不忘卻那般自覺，總是對靈性存在有所覺醒而度過每一天，就變得非常重要。

若是忘記了靈性，一切就結束了。

這個世間並非是一切。既沒有學歷，也沒有權力、沒有公司的名字、沒有財產，什麼都沒有。也沒有所謂面貌長得好看不好看。

那些完全不重要，重要的是自己是否和神佛連結一起、和神佛合為一體。成為神佛的左右手，進而度過這一生才重要。

救世主即是為了那般目的，才轉生於世間。

若是你能察覺到那號令，就請一同參與其中，齊心協力努力。

現今這個世俗世界，漸漸地有利於惡魔去把持權力。人口不斷增加，認為「這個世間就是所有」的人也不斷增加。

就是現在，我們必須要有更大的力量。

必須要輩出更多覺醒之人。

有著靈性力量的人們，不可錯誤地使用那些力量。

本章論述了「救世主的心願」。

我打從心底盼望，各位能夠覺察到現在這個時代的難處，嚴以律己，不斷地前進。

改變明日的話語⑤ 若不能保護，那就捨棄

為了進入光明天使的世界，
不只要「保護」，「捨棄」也是同樣重要。
除了真正重要的事物，其他都必須要捨棄，
無法捨棄之人，就無法進入天使的世界。

必須要捨棄的，就是世間的執著。
世間當中，有許多看似重要的事物，
但在考慮死後的事，
那些全部都得加以捨棄。

我曾教導過你們，

「人死後能帶回來世的，就只有『心』」。
但是那個心，也有「善心」和「惡心」之分，
根據帶著什麼樣的心回到來世，
就區分了自己將前往天國或地獄。
因此，不能僅是認識到只有「心」能帶回來世，
我還必須要再進一步地教導，
各位要抱持「正確的信仰心」。
「要抱持著正確的信仰心，回到來世」，
這才是真正的教義。
單單只是認識到「心」是不行的，
必須要抱持「正確的信仰心」才行。
只要有著正確的信仰心，其他東西都可以不要了。

其他東西，終將全部消失於世間，
無法帶回到來世，
終究要將其捨去。

雖然有「保護」的想法，
但也有「必須要將其捨棄」的想法。
最近，我時常說著「不惜身命」的話語，
這是指「除了真實、重要之事，其他全都可捨棄」。
所謂的「不惜身命」，
就是「就連世間性命都可捨棄，一點也不覺可惜」，
我是抱持著如此態度。
世間生命沒有那麼地長久，

重要的是「為了今後數百年、數千年後的人們，
自己到底可以持續播灑多少真理的種子」。
我的工作，並非僅是想讓活於現在的人們變得幸福。
即便現在沒有辦法結出果實，
但為了今後數百年、數千年的未來人們能夠幸福，
我必須持續播下真理的種子。

播下的種子，雖然會失去生命，
但終將會結出數百倍、數千倍的豐碩果實。
雖然那有時會發生在遙遠的未來，
但我的目光即是放在那般未來。
各位即成為了能拯救那未來眾多人們的「土壤」。

即便是播下了種子，若沒有土壤，種子也不會發芽。
希望各位能成為「沃土」。

「保護」很重要，
「捨棄」亦很重要。
但是很不可思議地，
「保護」和「捨棄」有時會變得相同。

這若是以禪的公案來說，
就是「若不能保護，那就捨棄」，
很意外地，「捨棄」真的很重要。
你必須要思考，

「自己要捨棄什麼？最後會留下什麼？」

我總是如此問自己。

第六章

興起奇蹟的力量

——以透明之心、愛的實踐、祈禱開拓未來

1 將未來朝「現在」吸引而來的力量

三十三年來的三千次說法和兩千五百本著作

成為本章內容的說法是舉行於二〇一八年年底，是我在該當年度的第一百五十一次說法，也是總說法次數的兩千八百四十八次。

我的第一個目標是三千次說法※，所以當時我心想「在二〇一九年，必須要努力達到三千次的目標」。

而著作方面，我曾將「出版兩千五百本書籍」設定為目標，我想再過不久就要達成了（注：二〇一九年一月，大川隆法著作冊數突破兩千五百本，二〇一九年十二月本書日文版發行時，則突破了兩千六百本）。

在我初創教團的時候，當時有一個名為生長之家的大型團體。該教團的創立者為谷口雅春，在他九十一歲，而且是該團體立宗開始第五十五年時，他舉行了約三千次講演。

而我則是將三千次講演，姑且當作是最初的目標，我想在立宗第三十三年，應該就會達到第三千次。

但那並非是意味著我很努力，而是我一直維持著「不管什麼都好，只要能夠把球打出去，自己能夠上壘就好」的狀態，絕非是每次的講演的質量都很高。

即便如此，當我每每克服了嚴酷的挑戰，完成了講演時，那總是令人高興。

自法話「宇宙時代的開幕」後，大量出現的幽浮

二〇一八年夏天，我講述了關於宇宙時代的講演※。在那之

※ 三千次說法　2019年1月29日收錄之「哈梅尼的靈言②」，說法次數突破第3000次。

前，我一直覺得在日本講述這個話題還有一點太早，所以有一點抗拒。

在講述本章內容的講演時，或許有上百家的媒體人士，受到本會文宣局的邀請，來到了幕張展覽館。當然，他們願意前來是一件好事，不過現場還有眾多資深的熱心信徒，所以我在舉行講演時，著實感到有難度。

在二〇一八年夏天，當我講述「宇宙時代的開幕」時，有眾多人們拍下了許多幽浮的照片和影片，後來我了解到「幽浮似乎是前來幫助幸福科學的」。

此外，當年的秋天，我們在日本全國電影院上映了電影「宇宙之法 黎明篇」，這是繼二〇〇三年上映的電影「黃金之法」以來，時隔約十五年又再度刷新票房紀錄的電影。這部電影將在美國上映，我也期待能獲得好評。

能夠感覺到未來「就在當下」的人生觀

包含其他電影在內，二〇一八年那一年，我制定了二〇二五年之前拍攝各種電影的計畫。我的個性就是這樣，如果不制定那般長遠的計畫，就難以將其事業化，所以我的計畫都會佈線至很久之後。

也因為如此，我也創作了許多歌曲。

本次我講演前，各位也聆聽到了兩首歌曲※，真沒想到我會為了電影，創作了這麼多的歌曲。

本來是想要讓人們做為餘興時聆聽，但曲子的數量越來越多，多到甚至讓我擔心「如果人們誤認為那是我的本業的話，那該怎麼辦？」

我想至今只發表了三十首左右，但我已經創作了八十首以上的歌曲※，可以說進度非常超前。我自己也不清楚「這到底是怎麼一回事」，

※ 關於宇宙時代的講演　2018年7月4日，於千葉縣幕張展覽館以「宇宙時代的開幕」為題，舉行了講演。參照《青銅之法》第4章（幸福科學出版發行）。

※ 兩首歌曲　講演之前，由女演員千眼美子演唱了電影「我的女友是魔法師」（製作總監、原作　大川隆法，2019年2月上映）的印象曲「夢的時間」（作詞、作曲　大川隆法），並播放了同一電影的主題曲「Hold on」（作詞、作曲　大川隆法，演唱　大川咲也加）的影片。

但此次的講演是關於奇蹟，我想「反正就是那麼一回事」吧！

對於我來說，與其說我能夠感受到未來，不如說我能夠在「現在」，感受到「明年、後年、五年後、十年後」的未來。

當我想像「若是到了那個年代，自己會從事什麼樣的工作」，於是那樣的未來就好像受我吸引到現在一樣。我就是活在如此人生觀當中。

※ 八十首以上的歌曲　截至2019年1月，作詞、作曲數已經超過100首。

2 以奇蹟為本，持續工作的力量

若無奇蹟，那麼就無「立宗」，也無「三十幾年的傳道活動」

說到「興起奇蹟的力量」，由於我本身一直連續發生著奇蹟，所以沒出現奇蹟反而才不可思議，或者坦白講，其實我是以奇蹟為本，一直持續地工作。假如沒有奇蹟，那麼我想既無「立宗」，也不會有「三十幾年的傳道活動」。

在這個幕張展覽館當中聚集了一萬數千人的聽眾，包括有各種時差的其他海外會場，我們向全世界約三千五百處進行了衛星轉播。

在日本，只要說到宗教，人們大概都會把信徒的數字縮得很小，好比有人會認為「今天來到會場的人數，就是該宗教的信眾人數」。

然而，在釋尊的誕生之地尼泊爾也有本會的支部，我們在那裡建起佛塔型的巨大支部精舍，當地的信徒已經超過三萬人。此外在印度，我們也已經有數十萬人的信徒。

我們在全世界都有非常多的信徒，已經無法單靠教團組織支持所有的地方。海外的信徒們，一直忍耐著我們所提供的非常低端服務。但即便如此，因為日本信徒的尊貴佈施，海外的各種活動才能得以繼續推展下去。

著作被翻譯成三十多種語言，在全球發行量達數億冊

最近，我剛結束了在德國的講演※。雖然我的講演對象包括所有歐盟國家，但訪問德國後我發現，日本這個國家，確實十分先進。

就GDP（國內生產總值）來說，我想排在日本後面的是德國，不過實際上訪問過德國之後，有很多地方都讓我覺得日本比德國先進得多。

我們雖然生活在這般先進的國家當中，但卻沒有實際感受，對此我感到很

遺憾。

除了德國以外，還有更多國家讓人感到有時代的落差，我認為日本人應該對於自己的國家，要更加感到自豪才行。

我曾在一九九〇年，在這個幕張展覽館舉行過幾次講演，從第一次在此講演，至今已經過了二十八年。

在這期間，日本國內推展著各式各樣的活動，在海外也透過眾人的努力，教義得以廣布，對此我感到十分高興。

我的書籍並非僅有日文版本，至今已被翻譯成三十一種語言。關於出版總數，說實話，那已經無法計算，只能推估「大概已達數億本」。

此外，在發展中的國家是拿著我的法話影片巡迴播放，所以幾乎不可能正確地計算出，到底有多少人曾聆聽過我的

※ 德國的講演　2018年10月7日，在德國的柏林麗思卡爾頓酒店，以「Love for the Future」（對未來的愛）為題，以英語進行了講演，並回答了聽眾提問。參照《Love for the Future》（幸福科學出版發行）。

法話，但推估全世界至少有五億人到十億人，曾經聆聽過。

這些在海外的活動，幾乎都是靠日本人的強力支援，方才得以成立，對此我非常感謝。

打破「做不到」這種固有觀念的決斷

二十八年前，我也曾在這個會場（國際展示場）舉行過講演會，當時的幕張展覽館還有一個能容納七千人左右，專門給舉行講演會用的「活動會場」，最初我是在那個會場舉辦講演會。

那個會場的音響設備非常好，講起話來非常輕鬆。但是後來的講演會場改為國際展示場，這裡本來就不是專門為舉行講演會所用，所以不知道到底能不能在此舉行講演，當時難以做出「在國際展示場舉行講演」的決斷。

「樑柱後方的聽眾看不到講者」、「聲音太小聲」、「會場有回音」、

「冷暖氣不夠強」、「廁所數量太少」等等，各式各樣的理由，大家都紛紛說著「辦不到、辦不到」。

但是，後來運用了各式各樣的智慧，非常強勢地舉行了講演會。

當時從來未曾想過，經過了二十八年，現在會從此地向全世界約三千五百個地方進行衛星轉播。

此外，當時也沒那麼期待，各位會一直持續前來聆聽法話。真沒想過有那麼多和我同年紀的人們還會前來聆聽，真的是非常感謝。

那時各位還是年輕菁英或窈窕淑女，然而現在都到了這個年紀……。我沒有說各位變得不美喔！各位到了這個年紀，還能如此光輝閃耀，真的是令人感到高興。

「以年輕的心態，改變現實中的自己」的魔法

或許這不能算是奇蹟，但我怎麼覺得我自己沒有很老啊！這到底是怎麼回事啊？

日本的退休年齡一般是六十歲，現在日本政府正打算要延長到六十五歲，可是我自己卻感覺到「六十歲就要退休？我還那麼年輕！」

有一次我跟我女兒一起去買東西，店員誤以為她是我職場的同事，這讓我不禁暗中竊喜。或許我女兒會感覺不是滋味，店員問我：「這位是同事嗎？還是朋友？」當時我只在心中竊笑。

所謂的魔法，不只能把樹葉變為黃金，「讓心態變的年輕，進而改變現實當中的自己」也是魔法之一。

我在年輕時，在這個會場講演的時候，感到很吃力，必須要面面俱到。並且因為場地會出現回音的關係，有時聽眾會聽不清楚我說話的聲音。

然而，如今面對這樣的人數（約一萬四千人）講演，我反倒感覺到很輕鬆，怎麼一點也不感到費力啊！希望將來我在講演的時候，能同步看到世界各地聆聽法話的樣子，或許那樣的時代就快要到來。

3 今後將經歷更多的奇蹟

創造奇蹟的幸福科學電影

前言說得有點太長，接下來我要講述本章的主題。

至今已經發生了眾多的奇蹟，然而今後我想要創造出更多的奇蹟。

其中之一就是於二〇一九年二月上映的電影「我的女友是魔法師」（製作總監、原作　大川隆法）。這是一部被施了魔法的電影，主題曲也被施了魔法，所以「觀看這部電影的觀眾，會因為魔法而出現奇蹟」，此為明年的第一階段。

此外，二〇一九年十月將上映另一部電影「若是世界消失了希望」（製作總監、原作　大川隆法）。

這部電影有八成左右忠實描繪了，約十五年前（二〇〇四年）發生在我身上的事件。因為是電影，所以有加入一些情節進去，但實際上就是把我十五年前發生的奇蹟，翻拍成電影作品。

據說這部電影的導演，每天早上都祈禱「但願看電影的觀眾的疾病能夠痊癒」，然後再進行拍攝工作。而他另一個祈禱內容就是「希望自己的生靈，不要跑到大川總裁那邊去」。

總之，他就是每天早上先祈禱這兩件事後，再進入拍攝工作。我想這部電影上映之後，會出現眾多疾病痊癒的奇蹟。

接連出現數不盡的奇蹟體驗

其實現在在幸福科學當中，已經出現了數百件到數千件的疾病奇蹟痊癒的案例，要去一一計算實在是太麻煩了，所以很抱歉，我們沒有認真去計算。在日本全國、全世界的各個地方，都出現了眾多案例。

在幸福科學的佈教月刊及其他媒體上，有時候會有報導那些奇蹟體驗。其實我也和各位一樣，都是看了月刊之後才知道發生了那般奇蹟。聽了有點好笑，但這代表發生的頻率很頻繁，所以職員沒有一一向我報告。案例太多了，無法逐一報告。

在幸福科學各處的行事活動中，發生的「金粉現象」

只不過有一個特殊的案例。二〇一七年十二月大川紫央總裁輔佐和千眼美子小姐，在東京正心館舉行了閱讀繪本《Panda Roonda》（幸福科學出版發行）的聖誕節活動。

當天有許多小朋友們前去參加，又是聆聽故事、又是唱歌跳舞的，會場當中就出現了許多金粉。此外，在其他地方播放那一天活動的影片時，也出現了降下眾多金粉的現象。

不知為何，只是讀繪本就有金粉降下。

這對現在的物理學家來說是一種衝擊，但金粉就真的憑空出現，我也沒有辦法，而且還看得很清楚。不過，似乎也無法因為這樣就變成大富翁。如果不累積多一點金粉的話，是難以把它拿去換錢的。

或許是因為小孩子的心境還很純潔，在大家一起讀繪本或上台表演時，有眾多天使來到了現場。做為其真理的實證，祂們撒下了那些金粉。其實這在本會早期就經常發生，特別是以小孩子為活動主軸時，更是常常看到。

我想今後在全國各地亦將發生眾多這樣的現象，屆時請各位一定要拿好手機拍下來才行。出現金粉雖令人高興，但若不趕緊拍下來做為證據，通常不出一天，最多一週之內，金粉就會消失了。據說有人曾經把金粉拿去檢驗，結果其成分和黃金完全一樣，但是大多不出一週就消失不見了。

我想這表現了靈天上界的能量，於世間物質化的機制。現實當中四次元以上的高次元世界，若是想在地上界興起某些奇蹟，奇蹟就會出現。

明白前世的轉生後，異位性皮膚炎即痊癒的奇蹟案例

除了金粉現象之外，還有各種疾病痊癒的奇蹟。

譬如，三大疾病之一的癌症。據說有三成左右的男性，是因癌症而死亡。但是在幸福科學當中，常常聽到「明明在醫院檢查出如拳頭大的癌腫瘤，但去幸福科學的精舍等地祈願之後再去做檢查，腫瘤竟然消失了」等案例。

此外，因為歐美化的飲食習慣，讓人們出現了很多心臟的疾病，而這個也有許多的痊癒案例。還有很多的疑難雜症，那些現代醫學皆束手無策、無法治癒的疾病，很不可思議地全都痊癒了。

譬如，異位性皮膚炎就是一例。這種疾病是患者照到了陽光之後，全身皮

膚就會出現搔癢不適的症狀，所以必須要避免照射到陽光。

曾經有一個人在箱根精舍※聆聽完法話後向我提問，「我一照到陽光，就會出現異位性皮膚炎」，我當場就試著對他進行靈性解讀。

或許非幸福科學的信徒有人會感到好笑，其實至今我做了眾多「外星人靈性解讀」，有相當多的人轉生在地球之前，曾經是外星人。

而當時我對此人進行外星人靈性解讀時，發現此人曾生活在火星過。

當火星照射到太陽時會變得相當高溫，一旦沒有照到太陽就變得非常寒冷。所以火星人非常害怕陽光，便有著躲在地下生活的習性。

※ 在箱根精舍　2010年8月1日的法話「Think Big！」。參照《Think Big！大膽想》第3章（幸福科學出版發行）。

因此，我不知道他相不相信，但我當場便跟他說「你在前世曾經歷過，若是遇到陽光，就會變得高溫的情形，因此必須一直避著陽光。那般記憶遺留在你的靈魂當中，也因此這一世你一曬到太陽，就出現了皮膚炎」。

結果不出一個月，他全身的皮膚變得光滑，異位性皮膚炎竟真的痊癒了。

疾病會在「當事人意識到真正原因」時瓦解

在本會以外的地方，其實也曾出現過眾多類似的案例。

譬如，在心理治療當中，藉由對當事人進行前世催眠，讓此人回想起造成影響現在的幼小時期的記憶。在心理學當中，已經確立了如此追溯原因的方法。在前世催眠的過程當中，有時當事人的記憶會回溯到出生之前。有人會回憶起自己通過母親的產道，或者是在肚子裡的情形，或是生活在天上界時的記憶。也有一定比例的人回憶起在天上界生活之前，轉生於世間時的記憶。

但大部分的情形，到了五歲左右，或從上小學開始就會忘了那些記憶，取而代之的是世間的知識或經驗。

人都有著各式各樣的前世，但很多人會因為前世所經歷的事件，導致現在出現了疾病。因此，在今世找不出理由的疑難雜症，透過前世靈性解讀，常常就能找出其原因。

這實在是很不可思議，和前世催眠出現了完全相同的現象。也就是說，當找出那原因時，「業的現象化」就會開始崩壞，進而就會發生疾病痊癒的情形。當此人自覺到那原因的階段，疾病就會開始崩壞。

我自己都覺得很不可思議，當事人自己接受那原因時，疾病就會開始崩壞消失。

或許往後會有更多的人，經歷如此現象。

4 世界充滿巨大的奇蹟

請記錄下「疾病痊癒」等等的奇蹟現象

雖然透過我的靈性解讀，可以直接了解疾病的原因，但是各位前往各地幸福科學的精舍，參加瞑想研修等等活動時，亦能看到前世的意識，或是在瞑想狀態時知道那原因，又或是聽到自己守護靈的聲音。我想今後會發生眾多如此情形。

所以，我先提醒各位，當疾病奇蹟痊癒的時候，請盡量留下紀錄（注：紀錄片電影「與奇蹟的相遇──心靈依偎3──〔企劃 大川隆法〕預定二〇二〇年八月下旬上映）。

在本會當中，即便發生了奇蹟，常常也都不以為意，但若是留下紀錄的話，都是讓醫院感到吃驚的案例。「是不是X光片照錯了啊？怎麼會突然消失了呢？」這般案例真是數不勝數。那些疾病真的自己就痊癒了。

所有人都擁有「自我治癒」的能力

我可沒有說過我積極地幫人治療，是疾病自己痊癒的。

日本的醫師法很嚴格，我不可以說我能夠治病，那是疾病自己痊癒的。如果各位自己去參加祈願，自己治好疾病，那是一點問題都沒有。請各位前去精舍參加「公案研修」，或是參加「瞑想」、「祈禱」、「法話研修」等等，探尋造成自己身體不協調的根本原因，自己治癒自己。

那是因為，各位原本就有治癒自己疾病的能力。

所有人體內都宿有魂，這本身就是個奇蹟

如同我在書中所說，人其實是神佛的分光。

其光量有多有少的區別，並且事實上有人是帶有著光明的大指導靈、大天使之任務。雖然並非所有人皆是大指導靈，但至少「每一個人皆宿有著靈魂」，這也是一個奇蹟。

一般的常識認為，肉體就像機器一樣，使命結束後，人就死亡。

但是每一個人的肉體當中，皆宿有著靈魂，並且那靈魂還帶有著過去無數次輪迴轉生時的記憶。

這真的是不得了的奇蹟。

人生三萬天當中的經驗，都有其意義

靈魂其實才是人的本體，那個名為實在界、靈天上界的世界，才是真正的

世界。

因此，希望各位知道在這地上三萬多個日子的人生，其實是人為了累積靈魂的經驗，轉生在這做為「靈魂學校」的地上世界。

若能夠這麼想，就能明白在這世間所遭遇的各種苦難、困難、疾病、事業的失敗、人際關係上的挫折等等，都是有其意義的。

在靈天上界當中，各自靈魂都和自己有著相同覺悟程度的人們住在一起。若是週遭人們的程度都和自己差不多，那麼就不會產生新的體驗。然而，若是轉生到這世間，就能累積新的體驗。

在這世間，各位能夠遇到各種各樣的人們，而且各位不會知道那些人們是怎樣的人。或許坐在各位前面的人，其實正擺動著背上的巨大翅膀。但是，你無法透過肉眼看到，所以完全無從察覺。

位於日本神道源流中，天御祖神的存在

在幸福科學的講演會中，有時候有些人能夠看到我一部分的靈性之姿。譬如，在一九八〇年代後半，有小孩在參加某個講演會時，看到我像是一個大佛一樣走過來。據說他在會場當中看到的是大佛的下半身，而上半身則是穿越了天花板。

不過，當時的講演會場是經常舉行相撲比賽的兩國國技館，會不會他們看到的僅是一個巨大的相撲選手走過來（笑）？真不曉得那說法是否值得高興。

然而，最近我了解到那孩子所說的是真的。

之所以這麼說，是因為在本會的外星人解讀當中，我發現若是追溯日本神道的根源，存在著一位名為「天御祖神」※的最古老的神明。

我透過靈性解讀，了解到這位天御祖神在很久以前，從仙女座銀河率領一大船隊，帶來了約二十萬人類型的生命，降落至日本的富士山山麓下。若是描

繪出這一位最古老的至高神，其樣子竟然是身高有二十五公尺的大力士。也就是說，日本相撲的起源非常的古老，或許是因為後來糧食短缺，所以現今人類的身形才變小了。

似乎在日本神道的起源時，就有相撲的存在了，應該從以前就有了合掌、鞠躬行禮等，如此神道的習慣。

遇見「真正的自己」、「命中之人」、「奇幻的世界」

真正的世界，遠比各位在世間接受的教育所得知的世界還要來得巨大，並且是充滿著各種奇蹟。

在那般覺悟當中，若是你能夠真正掌握到「自己是何種存在」，那麼今後就會發生，至今各位認為絕不可能發生的事，那即是各位的「破殼之時」。

※ 天御祖神　參照本書「改變明日的話語④ 來自地球神愛爾康大靈的話語」。

在那之前，各位只能看到「宿於肉體當中的自己」，但若你能真正覺悟自己是何種存在，你即能看到至今未曾看過的自己。譬如，你會遇見過去在靈天上界的自己、在靈天上界的靈魂兄弟姊妹們、從靈界轉上於世間當中的你的命運之人。

這真是一個奇幻的世界，今後將不斷出現新的證據，證明是佛神創造出這般奇幻世界。並且，你會感受到自己活在這地上，真的是像是活在魔法的時間當中。

對於已掌握真理、覺悟之人而言，「死」再也不覺得恐怖

即便疾病有所痊癒，但人的壽命終將會結束，終究會面臨離開世間的時候。然而，對於已在世間掌握到真理的覺悟之人來說，「死」再也不是一件恐怖的事。

實際上會感到害怕的，都是不知自己死後會去哪裡，進而漫然度日的人。

即便如此，若是此人有著善良的人生態度，死後必定能得救贖。但如果最後回到來世才發現「人生不只有世間這一輩子」，才懊悔上輩子抱持了錯誤的人生態度的話，那就太晚了，屆時一定會面對非常嚴酷的試煉。

各位一定有聽過許多關於靈界的故事或傳說，可是有很多知名的學者，都將那些傳說僅當作是一種比喻。

即便是學習佛教的人，有人盡是去除掉佛教當中神祕事物，只是講述符合世間的合理事物。

就算是基督徒，也有人捨去聖經當中奇蹟的故事，只學習除此之外的聖經話語。

但是，世間之物並非是全部。無論是在哪個時代都存在著奇蹟，希望各位能夠知道自己是活於這般時代當中。

5 興起奇蹟、改變世界的力量

自覺到「遠超越以往的巨大力量」之時

各位身為人活於世間之時，經常會遭逢諸多試煉。就算不是試煉，當自己訂定了越高的目標，為了達成那目標，就越是要精進努力，屆時在過程中想必會感到艱辛。

然而，當各位自覺於「自己其實潛藏著比自己想像更大的力量」時，各位即能變化為不一樣的自己。

你即會知道，那些看似悲傷、痛苦的事物，只不過是為了磨練自身靈魂而存在。

並且，你就能夠提升比自己所想像的還要更高的悟境。

那麼，最終我希望各位達到何種境界呢？

對此，我想要以簡單的方式描述。

抱持著「透明之心」而過

第一點即是，希望各位能「盡最大可能，抱持透明之心」。

在世間活得清心，聽起來或許會感到不切實際。或許有人會說「那樣能賺到任何一塊錢嗎」、「就算是活得清心，那樣不會被騙嗎？不會被當成傻子嗎？這樣不就損失了嗎」。

但事實並非如此。

「活得清心」，意味著「心變得透明」。

當己心變得透明之際，即能看見至今未能看見之物。你即能與天上界的靈魂相通，看見存在於世間當中光明的夥伴。

為了維持己心的透明，各位每天必須進行除垢、除鏽的修行。

做法很簡單，但請不要認為那是很無聊的事。回顧今天一天，若是感覺到某個部分，自己做得不夠完善，或者對他人講了過於嚴厲的話語，自己感到抱歉的話，一一加以反省就變得非常重要。

如此磨練己心非常重要，就像擦拭鏡子一樣，藉由擦拭己心，漸漸地透明之心就會出現。

於是，靈天上界之光即能射入心中。而那道光明就會產生奇蹟，並且讓各位的力量倍增、十倍增。

這是希望各位做到的第一點。

抱持著「愛」而過

而第二點即是，希望各位「活在世間時，要抱持著愛而過」。

這或許聽起來冠冕堂皇，但若是每一個人抱持著愛，努力於世間生活，這個世界就會一步一步前進，世界就只會變得更好。

世界當中有著國籍的不同、人種的不同、宗教的不同、思想信條的不同，這是當然的。

此外，每個人的人生觀也會不同，職業也不會相同，大家的想法也不會都一樣。

即便如此，眾人皆轉生在這世間，有著各種不同想法，彼此切磋琢磨，度過幾十年的人生。

超越彼此差異，克服困難的障礙，共同打造一個可以一同生存下去的時代，這是很重要的。

用簡單的話來說，那即是「愛」。

然而，現代人常常誤解了「愛」的意思。

當自己得不到他人的愛，常常就會感到悲傷，或是變得想要報復。

然而，當實踐「施愛」的人變多時，這個世間就會確實地逐漸烏托邦化。收入的提升、人際關係的好轉、公司當中的出人頭地等等，就會在你施愛之後出現。

首先，你必須努力創造出一個施愛的世界。

為此，不需要花任何一塊錢。

你只需要轉動你心中小小的發動機，「為他人貢獻」、「溫和待人」、「願他人幸福」，就是抱持如此心境。

「從愛祈禱」即能開拓未來

或許有時會出現你祈禱之後也無法實現的事。

然而，那個祈禱若是出自各位真正的愛，那個愛的行為是不滅的，是不會消失的，是會永遠留存在你靈魂的紀錄中的。

因此，在世間要做好該做的事。

人是否尊貴，決定於此人的行為。

此人的行為決定了此人的身份、尊貴。

但是，若還能夠透過祈禱，「從愛祈禱」即能開拓未來。

祈禱的內容，常常包含著尚未實現的事物。

但是，當眾多的人們進行祈禱，世界即會朝那個方向前進。

為了創造那般的世界，今後我也想和各位一同努力。

後記

為了確立真正的信仰，就必須像刀劍一般，經過火煉、水淬，跨越苦難與試煉才行。

為了遂行高貴的義務，有時必須捨棄名譽、地位、財產、人際關係、家庭關係，持續抱持淡泊的心境。

有一些彩虹，只有那些不依賴奇蹟，跨越失敗的高山，徹底鍛鍊自己的人才能看到。

在「愛」和「執著」之間，還能冷靜地度過每一天，著實是非常嚴酷。

你要像鋼鐵一樣，以柔軟且毫不迷惑之心，打破黑暗！切勿以為人生當中的收割只限於這一世！

二〇一九年　十二月

幸福科學集團創立者兼總裁　大川隆法

鋼鐵之法

如何既柔軟又堅強地度過人生

鋼鉄の法：人生をしなやかに、力強く生きる

作　　者／大川隆法
翻　　譯／幸福科學經典翻譯小組
主　　編／簡孟羽、洪季楨
封面設計／張天薪
內文設計／黛安娜

出版發行／台灣幸福科學出版有限公司
104-029 台北市中山區中山北路三段 49 號 7 樓之 4
電話／ 02-2586-3390　傳真／ 02-2595-4250
信箱／ info@irhpress.tw
法律顧問：第一法律事務所　余淑杏律師

總 經 銷／旭昇圖書有限公司
235-026 新北市中和區中山路二段 352 號 2 樓
電話／ 02-2245-1480　傳真／ 02-2245-1479

幸福科學華語圈各國聯絡處／
台　灣　taiwan@happy-science.org
地址：台北市松山區敦化北路 155 巷 89 號（台灣代表處）
電話：02-2719-9377
網頁：http://www.happysciencetw.org/zh-han

香　港　hongkong@happy-science.org
新 加 坡　singapore@happy-science.org
馬來西亞　malaysia@happy-science.org

書　　號／978-986-98444-2-0
初　　版／2020 年 3 月
定　　價／350 元

國家圖書館出版品預行編目（CIP）資料

鋼鐵之法：如何既柔軟又堅強地度過人生／大川隆法作；幸福科學經典翻譯小組翻譯．-- 初版．-- 臺北市：台灣幸福科學出版，2020.03
304 面；14.8×21 公分
譯自：鋼鉄の法：人生をしなやかに、力強く生きる
ISBN 978-986-98444-2-0（平裝）

1. 新興宗教　2. 靈修

226.8　　109001643

廣告回信
台北郵局登記證
台北廣字第5433號
平信

IRH Press Taiwan Co., Ltd.

台灣幸福科學出版有限公司

104-029 台北市中山區中山北路三段49號7樓之4

台灣幸福科學出版　編輯部　收

請沿此線撕下對折後寄回或傳真，謝謝您寶貴的意見！

鋼鐵之法

如何既柔軟又堅強地度過人生

大川隆法 Ryuho Okawa

台灣幸福科學出版有限公司

鋼鐵之法
讀者專用回函

非常感謝您購買《鋼鐵之法》一書，
敬請回答下列問題，我們將不定期舉辦抽獎，
中獎者將致贈本公司出版的書籍刊物等禮物！

讀者個人資料　※本個資僅供公司內部讀者資料建檔使用，敬請放心。

1. 姓名：　　性別：□男　□女
2. 出生年月日：西元　　年　　月　　日
3. 聯絡電話：
4. 電子信箱：
5. 通訊地址：□□□-□□
6. 學歷：□國小 □國中 □高中／職 □五專 □二／四技 □大學 □研究所 □其他
7. 職業：□學生 □軍 □公 □教 □工 □商 □自由業□資訊 □服務 □傳播 □出版 □金融 □其他
8. 您所購書的地點及店名：
9. 是否願意收到新書資訊：□願意　□不願意

購書資訊：

1. 您從何處得知本書的訊息：（可複選）□網路書店　□逛書局時看到新書　□雜誌介紹
   □廣告宣傳　□親友推薦　□幸福科學的其他出版品　□其他

2. 購買本書的原因：（可複選）□喜歡本書的主題　□喜歡封面及簡介　□廣告宣傳
   □親友推薦　□是作者的忠實讀者　□其他

3. 本書售價：□很貴　□合理　□便宜　□其他

4. 本書內容：□豐富　□普通　□還需加強　□其他

5. 對本書的建議及觀後感

6. 您對本公司的期望、建議…等等，都請寫下來。

IRH Press Taiwan Co., Ltd.
台灣幸福科學出版有限公司